# チューリップ・ブック

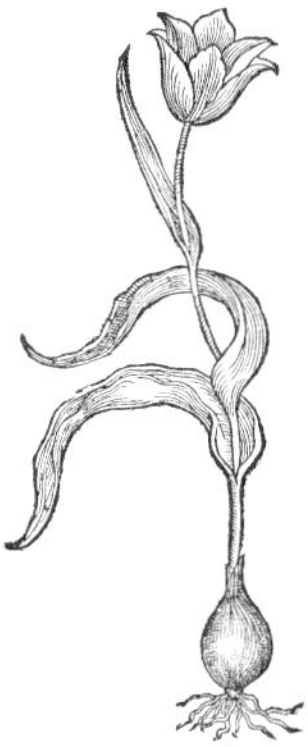

わたくしは美しい、でもそれきりだわ。
チューリップには容姿の他に誇るものはありません。

——グランヴィル『花の幻想』より

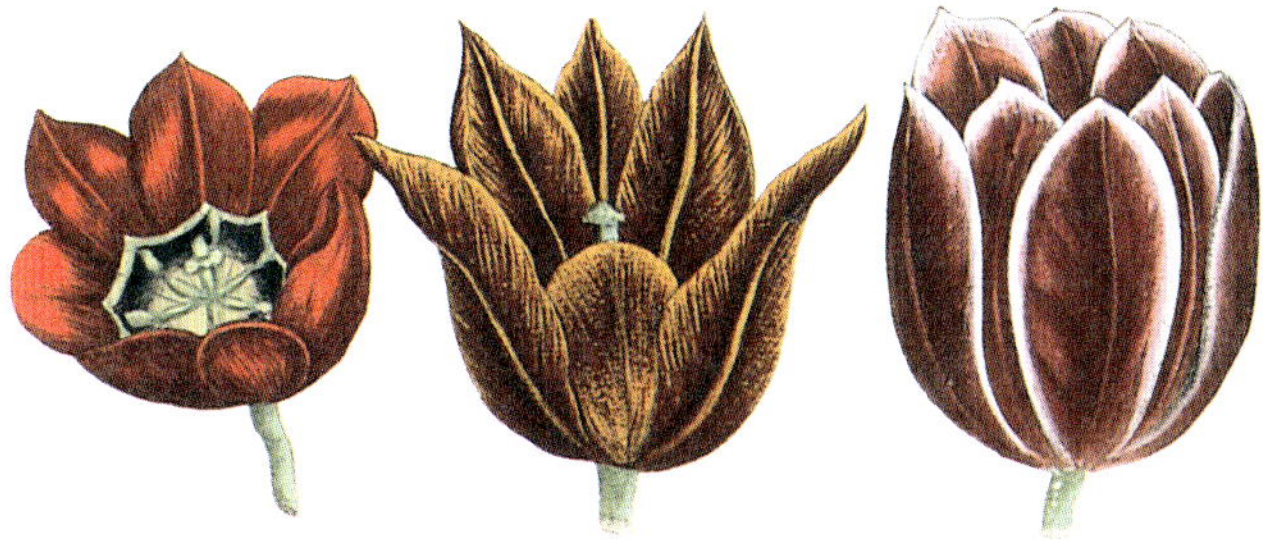

# チューリップ・ブック

## イスラームからオランダへ、人々を魅了した花の文化史


著者◆

國重正昭

ヤマンラール水野美奈子

小林頼子

W.ブラント

◆訳者

南日育子

小林頼子

中島　恵

八坂書房

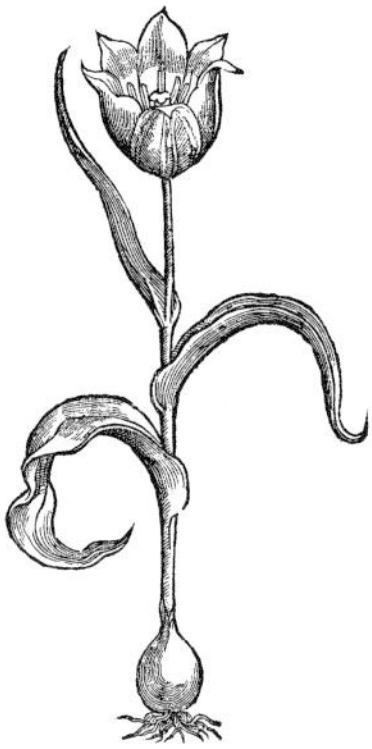

# はじめに

本書『チューリップ・ブック』は、八坂書房編集部が独自に編んだものであり、全体は以下のような構成となっている。

まず、國重正昭「チューリップ品種の歴史」では、主な原種と園芸品種を写真とともに紹介、チューリップとはどのような植物であるかがおわかりいただけると思う。日本へ初めてもたらされたであろう江戸後期~明治期におけるかかわりも、コラムとして併載した。

南日育子翻訳、W・ブラント「チューリップ狂時代」は、トルコ、オランダ、イギリスの事例を簡潔にまとめた古典的名著として読み継がれているものである。なお、ブラント以降、近年の研究成果については後述の小林稿に詳しいので、併せてお読みいただきたい。

ヤマンラール水野美奈子「イスラーム世界のチューリップ」は、わが国ではあまり知られていないチューリップの故郷イラン・トルコにおけるチューリップ文化の諸相を文学や美術を通して探り、小林頼子「天上の甘露を享ける花」は、聖書に登場する「野のユリ」の真の姿を、オランダ人とチューリップとのかかわりのうちに読み解こうとする試みである。

さらに、巻末には、チューリップ狂時代の投機家たちを風刺する十七世紀の小冊子「ワールモントとハールフートの対話」（小林頼子・中島 恵翻訳）を掲載した。近年、このテーマを扱う書物が欧米で次々と刊行されており邦訳もなされているが、本稿はそれらの情報源となっている貴重な資料である。

ある時期、人々を熱狂に駆り立て破滅させ、そして今なお世界中で多くの人々から愛され続けているチューリップ。この不思議な花の魅力を存分にお楽しみいただければ幸いである。

二〇〇二年二月

八坂書房 編集部

チューリップ・ブック
◆
# 目　次

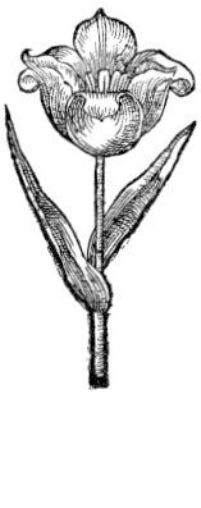

# チューリップ品種の歴史

……國重正昭

# 一、チューリップの歴史

過去に発表されたチューリップの品種の数は八、〇〇〇品種以上といわれている。オランダで発行されているチューリップ品種リストには五、六〇〇の品種が記載されており、そのうち約二、六〇〇品種が世界中で現在も栽培されているようだ。世界のチューリップ品種はチューリップ王国であるオランダに集中していて、特に初期の頃の品種はノールト-ホラント州のリメン（Limmen）にある歴史的球根保存園（Hortus Bulborum）などに保存されている。

日本では約二、〇〇〇品種が富山県農業技術センター野菜花き試験場に収集・保存されている。日本にある品種のなかには富山県や新潟県の試験場、個人愛好家、球根生産者などの手によって育成された国産品種も含まれているが、その数は数百品種と少なく、大部分はオランダで育成された品種である。

今では、オランダがチューリップの本場とされているが、オランダにチューリップが導入された十六世紀以前にすでにトルコでは沢山のチューリップの園芸品種が栽培されており、世界のチューリップ栽培の中心であったことが明らかになった。しかし、チューリップの自生地の中心である中央アジアとトルコのつながり、トルコでの品種発達の過程については従来ほとんど明らかにされておらず、今後の調査・研究が期待されている。

ヨーロッパにチューリップが初めてお目見えしたのは今から約四〇〇年前の一五〇〇年代後半で、オーストリアのトルコ派遣大使ブスベック（一五二二―九二）によってトルコからもたらされたとされている。相前後して複数のルートで渡来していたとの説もある。トルコから渡来したチューリップはその後、レイデン大学のクルシウス（一五二六―一六〇二）らの努力により最終的にオランダに定着し、今日のチューリップ王国が形成されたのである。ヨーロッパにチューリップが紹介される前に、すでにトルコではスレイマン一世（在位一五二〇―六六）の時代からチューリップの品種改良が始まっていたと記録されている。その後も歴代スルタンの庇護のもとに独特の花型をしたイスタンブル・チューリップをはじめ、多くのチューリップの品種がつくりだされ、チューリップ時代といわれるアフメト三世（在位一七〇三―三〇）の時代までにその数は二、〇〇〇品種に達していたことがトルコの古文献に記載されている。残念ながらその頃のトルコのチューリップ品種は全て失われて存在しない。トルコのスルタンが愛したチューリップがどんなものであったかは残された細密画やタイル模様から想像するしかないのである。

チューリップの原種の自生地はパミール高原から天山山脈にかけての中央アジアを中心に東は中国

西部、チベットまで、西は中東から地中海沿岸までの広い範囲にわたり、北緯四〇度線に沿って細長く分布している。自生地域の遊牧民や古代ペルシアの人たちの間で、古くからチューリップの花が愛好されていたであろうことは想像できるが、その頃の記録はほとんど残っていない。わずかにペルシアの詩歌の文言やタイルの破片の文様のチューリップから当時の様子を類推するしかないのである。おそらく野生種がそのまま観賞の対象になっていたのだろう。

そのなかで最初にチューリップの花に注目して意識的に園芸品種をつくりだしたのはトルコ民族であったであろうと想像される。アジア民族の血を引くトルコ民族の起源はチューリップの花咲く中央アジアの草原とされている。トルコ人は中央アジアから西へ西へと移動してついに今日のアナトリア半島に定着して一大帝国を築き上げたのである。トルコ人が民族の故郷の花チューリップに惹かれて愛好したことは十分考えられることだ。オスマン帝国の代々のスルタンたちは権力にあかせて各地からチューリップやその他の花卉類を取り寄せてハレムに植えさせたと伝えられている。

たとえばセリム二世（在位一五六六―七四）はクリミア地方からチューリップを三〇万株取り寄せて宮殿に植えさせたといわれている。また、ムラト三世（在位一五七四―九五）はシリアから野生のヒヤシンス五万球を取り寄せたとのことである。宮殿に園芸頭をおいて花の管理をさせていたスルタンもいた。残されている当時の細密画には品種品評会を行っている園芸愛好家の姿も描かれている。

トルコでのチューリップ栽培熱は相当なものであったことが想像できる。

このようにチューリップの歴史を概観してみると、中央アジアや中東の自生地に近い地域で原種が観賞の対象にされた原種の時代が存在し、その中からまずトルコで六世紀から十七世紀にかけて第一次の品種発達が起こり、さらにその間の十六世紀にトルコからオランダに舞台が移り、そこで第二次の品種発達があって今日に至ったといえよう。

## 二、原種の時代

素朴な野生種がそのまま観賞の対象になっていた時代に中央アジアや中東の山地や原野に自生していたチューリップの原種とはどんなものだったのだろうか。チューリップ属の種の数は約一五〇種とされている。そのうち今日のチューリップ園芸品種の成立に関与したのは二〇種くらいといわれている。上述したオランダのチューリップ品種リストから主な種を以下にあげる。自生種の多くは草丈が低く、花も小型だが、今日のチューリップの片鱗をうかがわせる形質を持っている種もある。また、ミニチューリップとして今日でも鉢植えとして十分利用できる種もある。

**◆クルシアナ種（Tulipa clusiana）**

カシミール、チトラル（ヒンドゥークシュ山脈）、北アフガニスタン、北イラン、イラクに自生している。白花だが六枚ある花被のうち、三枚の外花被の外側は太い筋状に赤く着色する。花の底の部分は紫色。開花期は四月中・下旬でよい香りの花を咲かせる。花は細長い円筒形で長さ五センチほどの花被の先は尖っている。草丈はやや高く二五センチ前後、全体にほっそりした上品な草姿をしており ヨーロッパではレディー・チューリップ（貴婦人のチューリップ）とも呼ばれている。クルシウスは、このチューリップがペルシアから導入されたことからペルシアン・チューリップの名をつけている。トルコ時代以前に中東で栽培されていたことが明らかな種といえる。オスマン帝国のムラト四世がバグダード遠征（一六三八）の際にイランから七種類のチューリップ品種を持ちかえったとの記録があるが、このクルシアナも含まれていたのだろう。基本色が黄色で赤色との複色になるクルシアナ クリサンタ（T.clusiana chrysantha）など近縁種が数種類ある。

**◆アイヒレリ種（T. eichleri）**

カフカス、東トランスカフカス、北西イランに自生する。花色は赤で、花の底の部分は黒色で黄色く縁取られている。早咲きで開花期は四月上旬。花被の長さは一〇センチで弁先の尖った大型の花を咲かせる。草丈は四〇センチ前後、葉幅が広く葉の表面には白粉が付いている。エクスケルサ、クラ

ツリパ・クルシアナ
ウィリアム・カーティス『ボタニカル・マガジン』(1811年) より

クルシアナ種

クルシアナ クリサンタ種

レ・ベネディクト、マクシマなどの品種がある。

**◆ウィルソニアナ種（T. wilsoniana）**

中央アジア、トゥルクメニスタンの山地に自生する。一五センチほどの高さのやや小型のチューリップ。濃い赤色のコップ型で目立つ花を咲かせる。花の底の部分は黒色で黄色い縁取りはない。花被片の先は尖っている。

**◆プラエスタンス種（T. praestans）**

中央アジア、パミール高原に自生する。花色はレンガ赤で花の底の部分は黄色に着色している。一茎に多数の花が咲く枝咲き性の代表的な種類。卵型の整った花型をしている。花弁の先は尖っていて反り返る。草丈は二〇センチ前後とやや小型だが花も小型なのでバランスのとれた草姿となる。早咲きで開花期は四月上旬。チューベルゲンス、フッシリエ、ユニカムなどの品種がある。

**◆コルパコフスキアナ種（T. kolpakowskiana）**

中央アジア、天山山脈、中国、ジュンガル-タルバガタイ（カザフスタン東部）に自生する。高さ一五―二〇センチ程度の背が低い枝咲き性の種類。早咲きで四月上旬に開花する。昼間に平開する花被片は黄色で外花被の外側は中央が紅く色付く。葉は四枚で長さ一五―二〇センチになる。

**◆マクシモヴィッチー種（T. maximowiczii）**

中央アジア、パミール高原に自生しているやや小型のチューリップ。遅咲きの部類に入り、濃赤色でユリ咲きの花を四月下旬から五月上旬に咲かせる。花の底の部分は紫黒色である。昼間は花被片は平開している。葉は長さ一五センチ前後の立ち葉で葉の縁が波打っている。

**◆トゥルケスタニカ種**（**T. turkestanica**）

トゥルケスタニカは後述のタルダ、プルケラ、サクサティリスとともに、一般のチューリップの種とは分類上少し遠い種である。中央アジア、天山山脈、パミール高原、中国に自生する。花は薄黄色がかった白色で底の部分が黄色く着色している。枝咲き性で小型・星型の花を多数咲かせる。外花被片の外側は紫褐色をしている。開花期は早く三月下旬–四月上旬。葉は二〇センチほどで細長く地表を這うように伸びる。

**◆タルダ種**（**T. tarda**）

中央アジア、天山山脈に自生する。遅咲きで四月下旬に黄色で先が白い平開する花を咲かせる。花被片は細長く、先端が尖っていて外側は紫褐色をしている。草丈一五センチと低く、花は枝咲きになる。花色や花型が他種とは少し異なっているので花壇や鉢植えにすると目立つ。

**◆フミリス ヴィオラセア種**（**T. humilis violacea**）

イラン北部、クルディスタンに自生する。早咲きで三月下旬には開花が始まる。草丈は低く、葉や

アイヒレリ種‘エクスケルサ’

ウィルソニアナ種

コルパコフスキアナ種

プラエスタンス種‘フッシリエ’

マクシモヴィッチー種

フミリス ヴィオラセア種
'イエローベース'

トゥルケスタニカ種

タルダ種

花も小型のチューリップ。花色は桃紫色でチューリップには珍しい色をしている。現在のチューリップ園芸品種にも桃紫色の花色の品種があるが、色素的には共通しているものと思われる。

**◆サクサティリス種（T. saxatilis）**

クレタ島に自生している。四月中旬に開花する。花は桃色で花の底の部分は広範囲に黄色く着色する。花被片が平開するため中心部の黄色がよく目立つ。葉が大きく鮮やかな緑色をしているのも特徴である。クルシウスはサクサティリスをビザンティン・チューリップと記述し、その葉はユリやヨウラクユリのようだと記述しているが、光沢のある葉はまさにその通りの形状をしている。野生種としては花が大きく観賞価値の高い種である。古い時代の園芸品種が野生化したものかもしれない。現在フランスやイタリアで自生種とされているものの多くは、ブドウ畑などの農地に自生していることから、園芸品種が野生化したものではないかという説もある。

**◆カウフマニアナ種（T. kaufmanniana）**

天山山脈西部から中央アジアにかけて自生する小型のチューリップ。一八七八年にトゥルケスタンで発見された。極早咲きで三月下旬–四月上旬から咲き始める。大きく展開する花被は薄黄色で底の方ほど濃い黄色になる。三枚の外花被の外側は対照的に赤く色づくが赤みの程度には個体差があり、黄色一色の系統もある。高さは二〇センチほど、花は野生種としては大輪で長さ八センチ前後になる。

最近、フォステリアナ種、グレイギー種あるいはその他の品種との交配によってたくさんの園芸品種が育成されている。主なものにメンデルスゾーン、ソラヌス、グドスタック、スカーレット・エレガンス、グリュック、ベルリオーズ、ベリーニ、アルフレッド・コルトーがある。

**◆グレイギー種**（**T. greigii**）

中央アジア、アラル海・カスピ海地域、シル-ダリヤから天山山脈にかけて自生している小型のチューリップ。葉に濃い紫褐色の斑点や筋が入るのが特徴。この葉の斑点や筋は開花期を過ぎると淡くなってしまう。葉は地面を這うように伸び、葉の縁は大きく波打つ。開花期はカウフマニアナ種より遅く四月中旬である。草丈は三〇センチ前後。花は中輪でユリ咲きのように花被の先が尖る。花色は燃えるような赤に黄色の覆輪が入るのが基本色だが、個体によってさまざまである。最近他の種・品種との交配によってたくさんの園芸品種が育成されるようになった。主なものにケープ・コッド、カラタウ、イエロー・ドーン、マーガレット・ハーブスト、レッド・ライディング・フッド、オリエンタル・スプレンダー、プライサーがある。

**◆フォステリアナ種**（**T. fosteriana**）

中央アジア、パミール高原、サマルカンド山脈に自生する。赤色で大輪の花を四月上旬に咲かせる早咲きの種。葉幅が広く、草丈が二五センチ前後になり自生種としては大型のチューリップである。

カウフマニアナ種

サクサティリス種

カウフマニアナ種‘ベリーニ’

カウフマニアナ種‘アルフレッド・コルトー’

グレイギー種‘ケープ・コッド’

グレイギー種

グレイギー種‘プライサー’

フォステリアナ種‘ロンド’

フォステリアナ種‘サンバ’

花の底の部分は紫黒色で星型、黄色で縁取られている。原種に近い園芸品種としてレッド・エンペラー（マダム・レフェベル）があげられる。近年、他の種・品種との交配によって多くの園芸品種が発表されている。主なものにプリンセプス、レッド・バード、ゾンビ、ダンス、サンバ、サルート、ロンド、ピューリシマ、トーチライト、フェウ・スペルベ、ゴールデン・エンペラーがある。一九四二年から育成の始まった大輪の花を咲かせるダーウィンハイブリッド（DH）の品種は、レッド・エンペラーをはじめとするフォステリアナ系の品種が片親になっている。

## 三、トルコのチューリップ

十六世紀のトルコで栽培されていた品種は全て失われているので、当時の様子はタイルや陶器に描かれた文様や絵画から推定するしか方法はない。当時の文様に出てくるチューリップには明らかに二つのタイプが認められる。一つは花被片が長い花、もう一つは花被片が短い花である。いずれの花も先端が尖っているのが共通する特徴である。このような形質を自生種の中から探してみると、下記の二種が浮かび上がってくる。

◆アクミナタ種（T. acuminata）

栽培種として残っているが、自生状態のアクミナタは発見されていない。かつてはトルコに自生していたのが栽培の流行とともに自生種が掘り尽くされて絶滅したのではないかとの説もある。四月中・下旬に開花し、草丈は四〇センチ前後。花色は黄色に赤い筋が入り、写真のとおり特異な花型をしている。花被片は細長く、内側に巻き込んでいるので針のように見える。このような花型の品種は他に例がなく、まったく特異な存在といえる。タイル文様に盛んに描かれている花被片の長いチューリップはいかにもアクミナタの花型に似ている。トルコで描かれた古いチューリップ図譜である『チューリップ誌』（一七二五頃）には四九品種が掲載されているが、その全てがアクミナタ・タイプの細長く尖った花弁の品種である。十六世紀のトルコではこのような花型が大流行し、イスタンブル・チューリップと呼ばれていた。今ではそれらの品種は失われてわずかにアクミナタのみが当時の面影を忍ばせてくれている。また、この花被片の先が尖る形質はユリ咲きの品種群として今でもその片鱗が受け継がれている。

◆シュレンキー種（T. schrenkii）

クリミア半島、ドン川、ボルガ川下流地域、カフカス地域、カスピ海地域に自生している。赤にオレンジ色の覆輪が入る。やや早咲きで四月上旬に開花する。草丈は二〇センチ前後、葉は自生種のな

イスタンブル・チューリップの図
『チューリップ誌』(1725年頃) より

アクミナタ種

シュレンキー種

かでは幅広で現在の園芸品種に近い形質を持っている。花被片の先が尖っているのも特徴である。トルコの古い時代のタイルやカーペットの文様に描かれたチューリップは例外なく花被片の先が尖っている。文様には花被片の長いアクミナタ・タイプのほかに、花被片が短くて弁先が尖った背の低いチューリップも描かれている（本書一一八頁・図21など）。このタイプは今日の種に当てはめるとシュレンキーに相当するのではないかと考えられる。トルコの古い文書のなかには、チューリップにはケフェ・チューリップとカバラ・チューリップがあることが記されている。ケフェはクリミアの地名、カバラはマケドニア（ギリシア）の地名で、それぞれ自生地を指しているものと思われる。また、別の文献にはセリム二世（在位一五六六―七四）の時代にクリミアの南部にあるケフェから三〇万球のチューリップの球根を集めて宮殿に植えさせたとの記述があるようだ。

シュレンキーは今日でもクリミア地方に自生している。自生地が一致するシュレンキーが当時トルコで愛好されたチューリップの原種である可能性が高いと思う。花被片の細長いタイプと花被片の短いタイプが当時から区別されていたとすると、花被片の短いケフェ・チューリップはシュレンキーであり、花被片の長いタイプはアクミナタと推定できる。ともに、その後のトルコでのチューリップ時代の流行の中心品種になったと考えられる。またオランダに導入された初期の品種群とされているダック・ファン・トール（後述）は、花被片の短いシュレンキーの血をひく品種と考えられている。

# 四、初期オランダの品種

ヨーロッパ、オランダにチューリップを定着させたクルシウスはチューリップには早咲きで背の低いタイプの品種群と遅咲きで背の高いタイプの品種群があると記述している。また彼は初期のチューリップを早生、中生、晩生など開花期や形質によって三〇種類以上のグループに分類している。ヨーロッパに導入された初期の頃から、チューリップには複数の原種が関与したさまざまな形質の品種があったことが想像される。クルシウスが分類した早咲きで背の低い種が先述のようにシュレンキーだとしても、その他の原種がどれなのかは明確になっておらず、今後に残された研究分野である。

**◆ゲスネリアナ種（T. gesneriana）**

ヨーロッパで栽培されていた初期のころの品種に対して、スウェーデンの植物分類学者リンネは、一七五三年にゲスネリアナの学名をつけた。これはヨーロッパで最初にチューリップについて学問的な記述をしたゲスナーの名前に基づいている。今日では命名された頃の品種を特定することはできないが、タイプ標本としてライデン大学に残されている腊葉を見ると、現在の品種とあまり変わらない大型のチューリップであることがわかる。次項で説明するダック・ファン・トール系の品種群は、リンネが命名した品種に近いものと考えられる。リンネの命名以来チューリップの園芸品種を学名で表示する際はゲスネリアナとするのが一般的になっている。

**◆ダック・ファン・トール系品種群（Dac van Tol）**

トルコからオランダに導入されたチューリップは、その後種子繁殖によって変わった花色や斑入りの品種がつくり出された。それらオランダでの初期の品種のうち、現在も残っている早咲き系の品種群をダック・ファン・トール系の品種と呼んでいる。オレンジ、オレンジ・アンド・イエロー、サーモン、プリムローズ、ローズ、ホワイトなどの品種がある。今は栽培されていないが、品種保存を目的にしたオランダの歴史的球根保存園で大切に保存されている。草丈が低く、やや早咲きで四月中旬に開花する。形質は現在の品種に近い、いわゆるチューリップらしい花型と草姿をしており、近代チューリップのルーツともいえる品種群である。なかには一六二〇年にすでに存在していた品種もある。オランダのチューリップ狂時代が一六三四－三八年であるから、高価な斑入りの品種を生み出すブリーダー・チューリップとして栽培されていた品種なのだろう。単色のブリーダー・チューリップがウイルスに罹病すると、さまざまな斑入り（ブレーキング）が出現する。それらの斑入り品種がブロークン・チューリップと呼ばれて高値で取引されたのである。ブロークン・チューリップを生み出す親

ツリパ・ゲスネリアナ
ウィリアム・カーティス『ボタニカル・マガジン』(1808年)より

ダック・ファン・トール系品種
'ローズ'

ダック・ファン・トール系品種
'オレンジ'

ダック・ファン・トール系品種
'オレンジ・アンド・イエロー'

の球根としてダック・ファン・トール系品種は大切に栽培されていたようだ。

## 五、現在の品種グループ

初期のころの品種には早咲きで草丈が三〇センチ程度の低い品種群と、遅咲きで草丈が一メートル近くなる品種群があるとクルシウスは著書の中に書き記している。トルコですでに多くの園芸品種が形成されていたのだから、ヨーロッパで初期のころにすでに品種分類ができていたのは当然のことだろう。オランダを中心とするヨーロッパではこれらの品種と、さらにフォステリアナ、グレイギー、カウフマニアナなどの原種との交雑によってさまざまな品種が育成されてきた。最近では一九四二年にフォステリアナとの交雑によって大輪で大型のダーウィン・ハイブリッド（DH）系の品種群が育成され新しい品種グループとして認定されている。このような認定をおこなっているオランダの王立球根協会は現存するチューリップの品種を次のように一五のグループに分類している。

1 一重早咲き品種群（Single Early Group）略称 SE

2 八重早咲き品種群（Double Early Group）DE

3 トライアンフ品種群（Triumph Group）T
4 ダーウィンハイブリッド品種群（Darwinhybrid Group）DH
5 一重遅咲き品種群（Single Late Group）SL
6 ユリ咲き品種群（Lily-flowered Group）L
7 フリンジ咲き品種群（Fringed Group）FR
8 ヴィリディフローラ品種群（Viridiflora Group）V
9 レンブラント品種群（Rembrandt Group）R
10 パーロット咲き品種群（Parrot Group）P
11 八重遅咲き品種群（Double Late Group）DL
12 カウフマニアナ系品種群（Kaufmanniana Group）K
13 フォステリアナ系品種群（Fosteriana Group）F
14 グレイギー系品種群（Greigii Group）G
15 その他（Miscellaneous）

この分類にしたがって現在の主要品種を説明すると次のようになる。

1　一重早咲き品種群（Single Early Group）SE

三月下旬から四月中旬に開花するものを早咲き系統としている。草丈は二五センチとやや低く、花や葉が小さい品種が多い品種群である。アプリコット・ビューティー、カイザース・クルーン、クリスマス・マーベル、メリー・クリスマス、ゴールド・クリスマス、ルビー・レッドなどの品種があるが、品種数は多くない。草丈が低いので花壇や鉢植えに適しているが、早咲きなので促成切花にも利用されている。

2　八重早咲き品種群（Double Early Group）DE

草丈が二〇センチ前後の低い品種が多く、小型の葉、花をつける。草丈が低いので花壇や鉢植えに適している。小輪ながら香りの高い品種も含まれている。チューリップには香りの高い品種は少ないのだが、なかには傍を通るだけで香りが感じられる品種もある。ピーチ・ブロッサム、モンテカルロやユリ咲きのバレリーナが香りの高い品種の代表である。黄色の品種に香りのあるものが多いようだ。大輪で草丈の高いモンテカルロは切花にも利用されている。他にカールトン、ヒチュナ、エレクトラ、ストックホルム、アーリー・アルキメデス・メモリー、スクノード、ホアンゴ、ベビー・ドールなどの品種がある。

3　トライアンフ品種群（Triumph Group）T

早咲きと遅咲きの品種の中間の時期に咲く一重咲きの品種群を、トライアンフ品種群と呼んでいる。開花期は四月中・下旬。古い分類でメンデル系とされていた品種もこのグループに含まれる。草丈が三〇センチ前後とやや高く、促成開花しやすい性質を持っているので切花によく利用されている。チューリップの切花促成の際には、休眠打破のために二―五度で冷蔵処理をするが、このグループの品種は短期間の冷蔵処理で休眠が破れるため、効率的に切花をすることが出来る。現在、切花用や花壇用に市販されている品種の多くは、このグループである。アイス・フォーリース、アラビアン・ミステリー、インゼル、黄小町、ケイス・ネリス、紫雲、ドンキホーテ、タンバメート、ニュー・デザイン、ネグリッタ、ベンバンザンテン、ストライプド・ベロナ、プリンセス・イレーネ、ベロナ、ミス・ホランド、メリー・ウィドー、レーン・ファン・デル・マルク、プロミネンス、プレリュディウムなどの品種がある。

**4　ダーウィンハイブリッド品種群（Darwinhybrid Group）DH**

最近登場してきた新しい品種グループである。一重咲きで花色が鮮明なダーウィン系の品種とフォステリアナ種の交雑によって、一九四三年にオランダで育成された。花、葉ともに大きく、草丈は五〇センチ以上になる巨大輪で豪華な花の品種群。出現して間がないので花色は赤、黄が主体で色の変化は少ないのだが、今後多彩な花色・花型の変化が期待される品種群である。いずれも従来の品種に比べて大型になっている。アイボリー・フロラデール、アペルドーン、オックスフォード、ゴールデン・オックスフォード、オックスフォード・エリート、テンダー・ビューティー、ディプロメイト、ゴールデン・アペルドーン、ホランズ・グローリー、ハンスメイアー、レッド・マタドール、ピンク・インプレッションなどの品種がある。

## 5 一重遅咲き品種群（Single Late Group）SL

四月下旬から五月上旬に咲く系統を遅咲き品種と呼んでいる。この遅咲きグループは、以前にはダーウィン及びコッテージ系と呼ばれていた品種群が主体になっている。花は卵型あるいはコップ型をしていて満開を過ぎても花被が平開せず卵型やコップ型の花型がいつまでも保たれる。なかには最後まで花被片が平開しない品種もある。草丈が際立って高くなる品種が多く、切花や花壇用に利用されている。また開花期が遅いので、早咲き品種と組み合わせることにより、公園などでの開花期間を長くするのに利用できる。レナウンやその突然変異のメントン、ハルクロあるいはイル・ド・フランス、マウリーン、クイーン・オブ・ナイト、ソルベット、ピクチャー、ピンク・ダイアモンド、マギール、レインボウ、ジョーゼット、白雪姫などの品種がある。チューリップの品種のなかで最大輪といえるホーカス・ポーカスはこのグループに属する。枝咲きになるジョーゼットもこの仲間である。一本の茎に花が二—三輪咲く枝咲きの品種の人気が最近高まっているが、これは原種のなかの枝咲きの種類の形質を受け継いでいるものである。

## 6 ユリ咲き品種群（Lily-flowered Group）L

花被の先が尖がり、外側に反り返る花型をユリの花に似ていることからユリ咲きと呼んでいる。この花型はアクミナタ種の花型に似ているが、オスマン帝国時代のトルコで好まれたイスタンブル・チューリップの末裔か、あるいはその後、一般のチューリップ品種とアクミナタとの交雑によって育成された品種群と考えられる。遅咲きで四月中旬以降の開花になる。小輪で草丈の低いものから大輪で六〇センチ以上になる大型の品種まで多彩な変異がある。最近のフラワー・アレンジメントでは、従来のチューリップらしくない花型、草型のユリ咲き品種の人気が高いようだ。ウェスト・ポイント、アラジン、コンプリメント、ダイアニート、バラード、バレリーナ、ホワイト・トライアンファター、マリリン、メイタイム、チャイナ・ピンクなどの品種がある。

## 7 フリンジ咲き品種群（Fringed Group）FR

花被の縁に細かくひだが入る花型をフリンジ咲き品種と呼んでいる。遅咲きで、草丈は四〇センチ前後。花被片に厚みができるので観賞価値が高まる。一重遅咲きの品種のなかから突然変異として出現した品種である。カノーバ、パラボーラ、バーガンディ・レース、ファンシー・フリル、ブルー・ヘロン、フリンジド・エレガンス、ベルフラワーなどの品種がある。

ゴールド・クリスマス (SE)

ルビー・レッド (SE)

カールトン (DE)

ベビー・ドール (DE)

アラビアン・ミステリー (T)

プレリュディウム (T)

アペルドーン(DH)

ゴールデン・オックスフォード(DH)

ジョーゼット(SL)

ソルベット(SL)

ウェスト・ポイント(L)

アラジン(L)

### 8 ヴィリディフローラ品種群（Viridiflora Group）V

花被片の中央に緑色の筋が入る品種群をヴィリディフローラ品種と呼んでいる。一重遅咲きの品種から突然変異として出現した品種である。遅咲きで草丈は三〇センチ前後とやや小型になる。白や黄色、あるいは赤色に緑が混じるので変わった配色の花が咲く。花壇ではあまり目立たないがフラワー・アレンジメントでは珍重される品種群である。ガーデニングの流行とともに庭植えとしても最近人気が高まっている。グリーンランド、スプリング・グリーン、ハミングバード、ハリウッド、ピンパーネルなどの品種がある。

### 9 レンブラント品種群（Rembrandt Group）R

ウイルスに罹病して花に斑が入るものをレンブラント品種と呼んでいる。チューリップを冒すウイルスにはチューリップモザイクウイルス（TMV）、ユリ潜在ウイルス（LSV）、キュウリモザイクウイルス（CMV）などがある。アブラムシやあるいは人の手を媒体にしてウイルスが伝染すると赤やピンク、桃色の単色の花にはさまざまな絞り色が現れる。白や黄色の花にはウイルスによる斑入りは現れない。ウイルス病の知識のなかった昔の人には絞り色は大変美しく見えたのだろう。オランダでのチューリップ狂時代に法外な値段で取引されたのは、このグループの斑入り品種だった。斑の入り方はさまざまで白地に赤色の斑入りが特に珍重されたようだ。ブームの時期はブリューゲル、レンブラント、フェルメールなどの画家が活躍した時代である。この時代に描かれた静物画のなかには斑入りチューリップを題材にした作品が多く見られる。ウイルスに冒された球根は短命で大部分の品種はその後、消失してしまった。当時の品種の面影は絵画にしか残っていないことから、このグループ名がつけられたのである。このグループの品種は一部が保存されているだけで市販はされていない。

現在、市販されている斑入り品種は遺伝的な斑入り品種でウイルスとは関係がない。

**10 パーロット咲き品種群（Parrot Group）P**

オウムの羽毛のように花被片の縁が切れ込み、よじれたり、巻き上がったりする咲き方をパーロット咲きと呼んでいる。パーロット咲きのチューリップに関する記録は一六二〇年に初めて現れる。遅咲き一重の品種から突然変異で出てきた花型である。四月中・下旬に開花。草丈は二五センチくらいの低い品種から五〇センチ程度の高性品種まである。エステラ・ラインベルト、オレンジ・フェイヴァリット、カレル・ドールマン、ジャイアント・パーロット、テキサス・ゴールド、テキサス・フレーム、ブラック・パーロット、フレミング・パーロットなどの品種がある。

**11 八重遅咲き品種群（Double Late Group）DL**

八重咲きで四月中旬から五月上旬に咲く遅咲きの品種群。八重早咲き品種に比べて大輪で草丈の高い品種が多く花壇植えにすると見栄えがする。一五八一年にクルシウスは八重咲き品種についての記

パラボーラ (FR)

フリンジド・エレガンス (FR)

グリーンランド (V)

ハミングバード (V)

ウイルス病に罹ったチューリップ

テキサス・フレーム（P）

ブラック・パーロット（P）

アンジェリケ（DL）

カサブランカ（DL）

オランダの歴史的球根保存園

録を残しているので、初期の頃から八重咲きはあったようである。アンジェリケ、アップスター、ウィローザ、カサブランカ、カーナバルドニース、マウント・タコマ、メイ・ワンダーなどの品種がある。

**12 カウフマニアナ系品種群（Kaufmanniana Group）K**

**13 フォステリアナ系品種群（Fosteriana Group）F**

**14 グレイギー系品種群（Greigii Group）G**

以上の三群はそれぞれの種の項目を参照のこと。

**15 その他（Miscellaneous）**

カウフマニアナ、フォステリアナ、グレイギー以外の原種とその品種がこれに属する。原種の項目で説明したように、長いチューリップの歴史のなかで初期の頃には観賞用に利用され、後の時代になると交配親として園芸品種の成立に関与したかもしれない種が多く含まれている。それぞれの種の項目を参照のこと。

## ◎日本人が初めて目にしたチューリップ

日本で最初にチューリップが記録されたのは岩崎常正《いわさきつねまさ》（灌園《かんえん》）（一七八六―一八四二）の『本草図譜《ほんぞうずふ》』である。本書は江戸時代を代表する植物図譜であるが、その中には「チュリパ」と添え書きされたチューリップの図が四頁にわたって掲載されている。ただし、この図については、「ウエインマン」〔ドイツの植物学者でレーゲンスブルクの薬種商ヨハン・ヴィルヘルム・ヴァインマン（一六八三―一七四一）のこと〕の図譜を転写したと著者は書き添えているので、当時、チューリップの現物が渡来していたかどうかは判然としない。

この時代には数多くの洋書がオランダ船により舶載されたが、なかでもヴァインマン『花譜』は、宇田川玄真《うだがわげんしん》・榕菴《ようあん》、木村蒹葭堂《きむらけんかどう》、栗本丹洲《くりもとたんしゅう》、山本亡羊《やまもとぼうよう》、飯沼慾斎《いいぬまよくさい》ら多くの本草学者、蘭学者に利用され、日本の近代科学と芸術に大きな影響を与えたと言

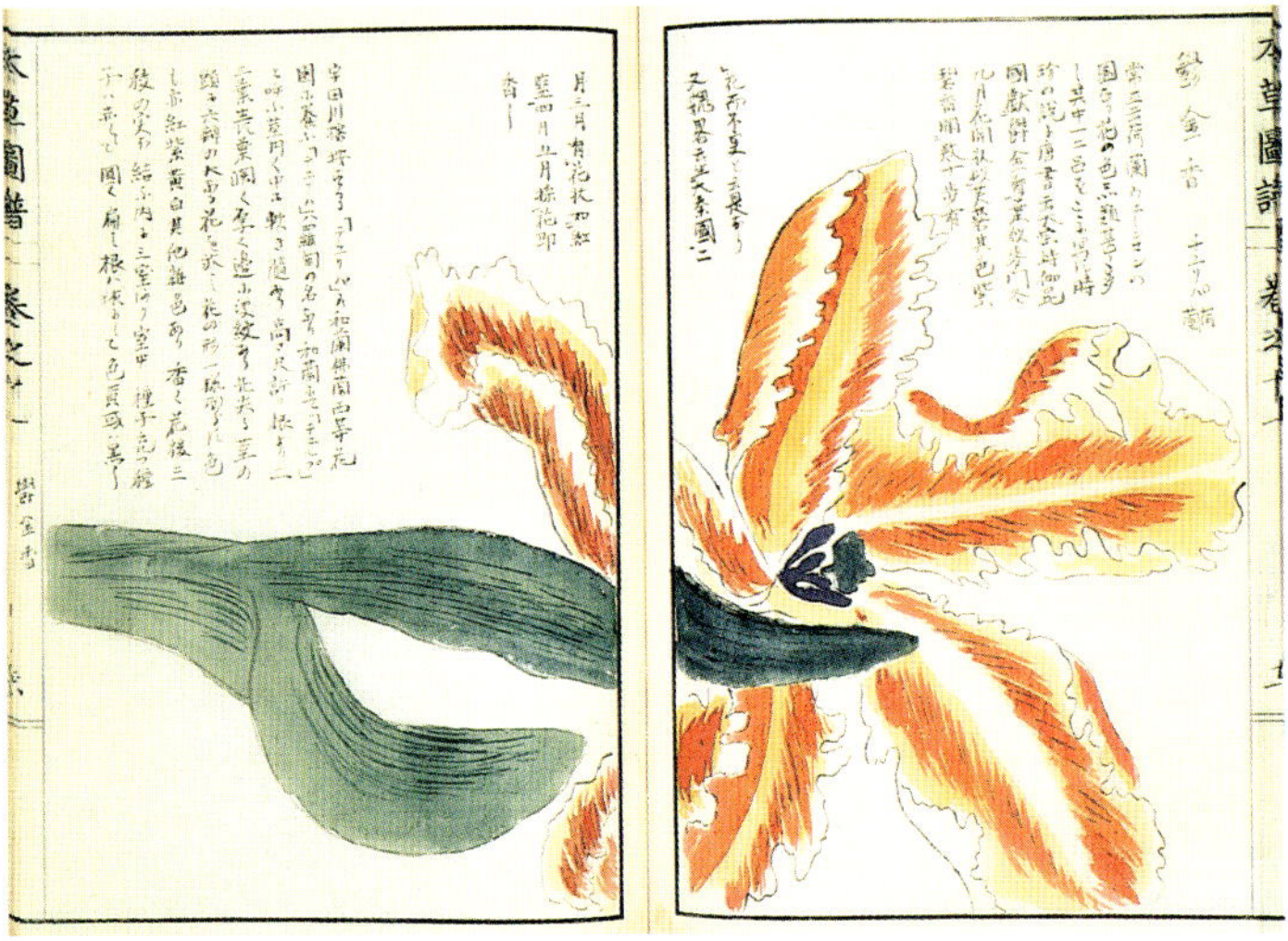

2点とも：「鬱金香」の図、岩崎常正（灌園）『本草図譜』
（1828年序、全92冊）巻十一より、国立国会図書館蔵

ヨハン・ヴィルヘルム・ヴァインマン『花譜』
（1736-48年、アムステルダム版）より、
彩色銅版画、群馬県立館林図書館蔵

われる。

また、博物学者・平賀源内《ひらがげんない》は西洋博物学の知識を吸収するために、江戸参府のオランダ人を訪ねて質問をしたり、私財を傾けて洋書を購入していたが、その蔵書目録には、チューリップの図を載せた園芸カタログである、エマニュエル・スウェールツの『紅毛花譜』（=『花譜』、別稿一八八頁参照）も入っており、当時の知識人たちが、これらの書物を通して美しい異国の花々に出会ったことが想像される。

チューリップの球根が初めて渡来したのは幕末一八六三年（文久三）のことで、フランスからヒヤシンスの球根とともにもたらされたとする説もある。しかし、『本草図譜』の刊行から数十年を経過していることを考えれば、その間に渡来していた可能性は高いと思う。残念なことに記録には残っていないのだが。

いずれにせよ、一九一〇年（明治四三）になって横浜植木株式会社が三万個の球根をオランダから輸入したことにより、チューリップはわが国の人々の関心を集める花となったのである。

チューリップは明治時代までは「鬱金香《うこんこう》」と呼ばれていた。香りのあるチューリップは少ないのだが、前項で記したとおり黄色系の品種には香りがあるものが多い。中国で最初に名前をつけた人物が見たのは、たまたま黄色のチューリップだったのだろう。

（國重正昭）

## ◎主な参考文献


國重正昭『チューリップ』一九九三、日本放送出版協会
『チューリップが好きになる本』一九九〇、北日本新聞社
T・バイトプ『イスタンブール・チューリップ』ヤマンラール水野美奈子訳、一九九六、砺波市チューリップ四季彩館
『自然をみる眼―博物誌の東西交流』展示会目録、一九八九、国立国会図書館
木村陽二郎解説『美花図譜―ウエインマン「植物図集選」』一九九一、八坂書房
W・ブラント『植物図譜の歴史―芸術と科学の出会い』森村謙一訳、一九八六、八坂書房
大場秀章『植物学と植物画』一九九六、八坂書房
国立国会図書館ホームページ（http://www.ndl.go.jp）（電子図書館―貴重書画像データベース）

エマニュエル・スウェールツ『花譜』（1647-54年、アムステルダム版）より、
彩色銅版画、国立国会図書館蔵
（初版は1612年にフランクフルトで刊行された。
平賀源内が入手したのは1631年版である。）

# チューリップ狂時代

ウィルフリッド・ブラント
翻訳＝南日 育子

本稿は下記の原書の全訳である。

*

Tulipomania

by

Wilfrid Blunt

First published in 1950
Published by Penguin Books Limited,
Harmondsworth, Middlesex, England

但し、61頁と75頁の図は日本語版刊行にあたり追加掲載した。

*

花を愛する事を最初に教えてくれた母へ

*

— 謝　辞 —

次の方々のご支援と助言に感謝を捧げます。

オーウェン・モーシード卿

キュー王立植物園の J.R.シーリー氏

王立園芸協会事務局長

マーシャルの作品を紹介してくれた弟のアントニー

R.A.ハリソン夫人

L.E.モリス氏

K.V.ローズ氏

『ケンジントン庭園』30頁の詩「チューリップ」の引用を
許可して下さった、故ハンバート・ウルフ氏の代理人にも謝意を表します。

## 一、チューリップの横顔

チューリップとは、鳥に譬えれば孔雀鳥
香りなき花と、歌わない鳥
かたや誇るはその衣裳、かたや得意はその尾羽
いにしえのフレンチ・ガーデニング・ブックより

百科事典によれば、中世の庭師はジガデナスや、ワチェンドルフィアや、スキゾフラグマを知らなかったようだ。だからといって別に驚くこともない。我が先人たちがこの花を知っていたなら、もっと素朴で美しい響きの名前を付けたことだろう。しかし、イギリスの農家の庭先に誇らしく咲く、昔馴染みで誠実な我が友チューリップが西欧の庭に華々しく登場したのは、やっと十六世紀になってからだということには、驚かされる。

現在でもイタリアで咲いているチューリップ品種の一つは、恐らく原生種だろう。ギリシアでも数種類が知られている。にもかかわらず、古典作家たちは誰一人として、チューリップらしき花のこと

を書き残していない。十六世紀末以前の西欧絵画、陶器、織物にも見あたらない。栽培種のチューリップが描かれている有名なローマのモザイク画があるが、これは十八世紀に複製されたものらしいというのが現在では定説になっている。

一五五四年、フェルディナンド一世がスレイマン大帝に派遣した大使のブスベックは、アドリアノープル（現・エディルネ）からコンスタンティノープル（現・イスタンブル）へ向かう途中でこう述べた。「いたる所花々が咲き乱れているのを見た。水仙、ヒヤシンス、それにトルコ人がトゥリパンと呼ぶ花。季節は花にはそぐわない真冬なのだから驚かされる。ギリシアでは強い芳香を発する水仙やヒヤシンスが咲き、慣れない者は、その強い香りで気分が悪くなるくらいだが、トゥリパンはほとんど匂わない。その代わりに、色の美しさと多様さで愛されている。トルコ人は花の栽培に熱中している。決して贅沢好みの国民ではないのに、美しい一本の花に数アスパー支払うのもいとわない。私もいくつか贈り物を受け取ったが、結局かなりの出費をしてしまった」。

チューリップの名が西欧の文献に初めてはっきり現れるのは、これが最初である[1]。さて、その名前だが、トルコ語やペルシア語ではこの花はラーレと呼ばれている。ブスベックは、通訳がその花弁の形がターバン（ドゥルバン）に似ていると言ったのを勘違いしたのだろう。

ブスベックは種子をウィーンにもたらした。恐らく、球根も持ち帰ったのだろう。なぜなら、わずか五年後に、ドイツのプリニウスと言われるコンラート・ゲスナーが「かの頭脳明晰、学識豊かなるヘルヴァルト顧問官宅の庭園で一本のチューリップを見た。赤ユリのように大きな赤い花を一つだけ咲かせ、そのほのかな香りは繊細で心が和むが、すぐに消えてしまう」と言っているからだ。この花の評判はたちまちのうちに広がっていった。一五六一年には、フッガー家がアウクスブルクで育てていたし、その翌年には、アントワープの商人がコンスタンティノープルから球根の船荷を受け取っている。

チューリップは、フランドルを経て、その魂の故郷、オランダへと導かれ、一五七八年頃にはイギリスに渡った。一五八二年、有名なリチャード・ハクルイットと同姓同名の甥で『内陣にて』の著者が、S氏に宛てて送った『コンスタンティノープル覚書』の中で、「この四年の間に、オーストリアのウィーンからイギリスへ、チューリッパという花が多種類入ってきた。これは、カルロス・クルシウスという優れた人物が少し前にコンスタンティノープルから手にいれたものだ」と述べている。その直後に、クルシウスはレイデン大学植物学教授に任命された。聞くところによれば、クルシウスは「自分

チューリップを描いた最も初期の図
コンラート・ゲスナーの論文（1561年）より

のチューリップに法外な値段をつけたので、誰も買えず、これで儲けようと思う者さえも手が出せなかった。そこで一計案じられ、最良の株のほとんどが夜の闇に紛れて盗み出されてしまった。すっかり気落ちしたクルシウスは、栽培を続ける気力を無くしてしまったが、チューリップを盗んだ連中はすぐさま種を植えて球根を増やした。そのお陰でオランダの十七州に球根が充分に行き渡った」。

常に現実主義者のドイツ人は、チューリップの球根を野菜として活用する研究にいち早く手を染めた。[2] フランクフルトのある薬種商によれば、チューリップ球根の砂糖漬けは、蘭球根のそれより遥かに美味だということだが、蘭の球根の美味しさを知らない者にとっては、なんのことやら分からない。

イギリスでも、チューリップはすぐに人気者になった。ジェラードは名著『本草書』（一五九七）の中で、「ロンドンで薬種商を営む、私の親友で薬草研究家のジェームズ・ガレット」は、異なる種類のチューリップの研究を二〇年間続けているが、「全てを詳しく説明するには、シシュポスの石を積み上げるか、浜の真砂を数えるほどの、果てしない努力が必要だ」と述べている。クリスペイン・デ・パスの美しい著書『花の庭』（一六一四）は、発刊の翌年に「著者自身が経費を負担して、オランダ語からの忠実な翻訳本を出したので、英語しか理解しない人たちには多いなる恩恵となった」が、その中にチューリップの精緻な図版を入れている。しかし、イギリスで初めてこの花を本格的に取り上げたのは、英語圏で最も優れたガーデニングの本といわれる『太陽の楽園 地上の楽園』（一六二九）の著者

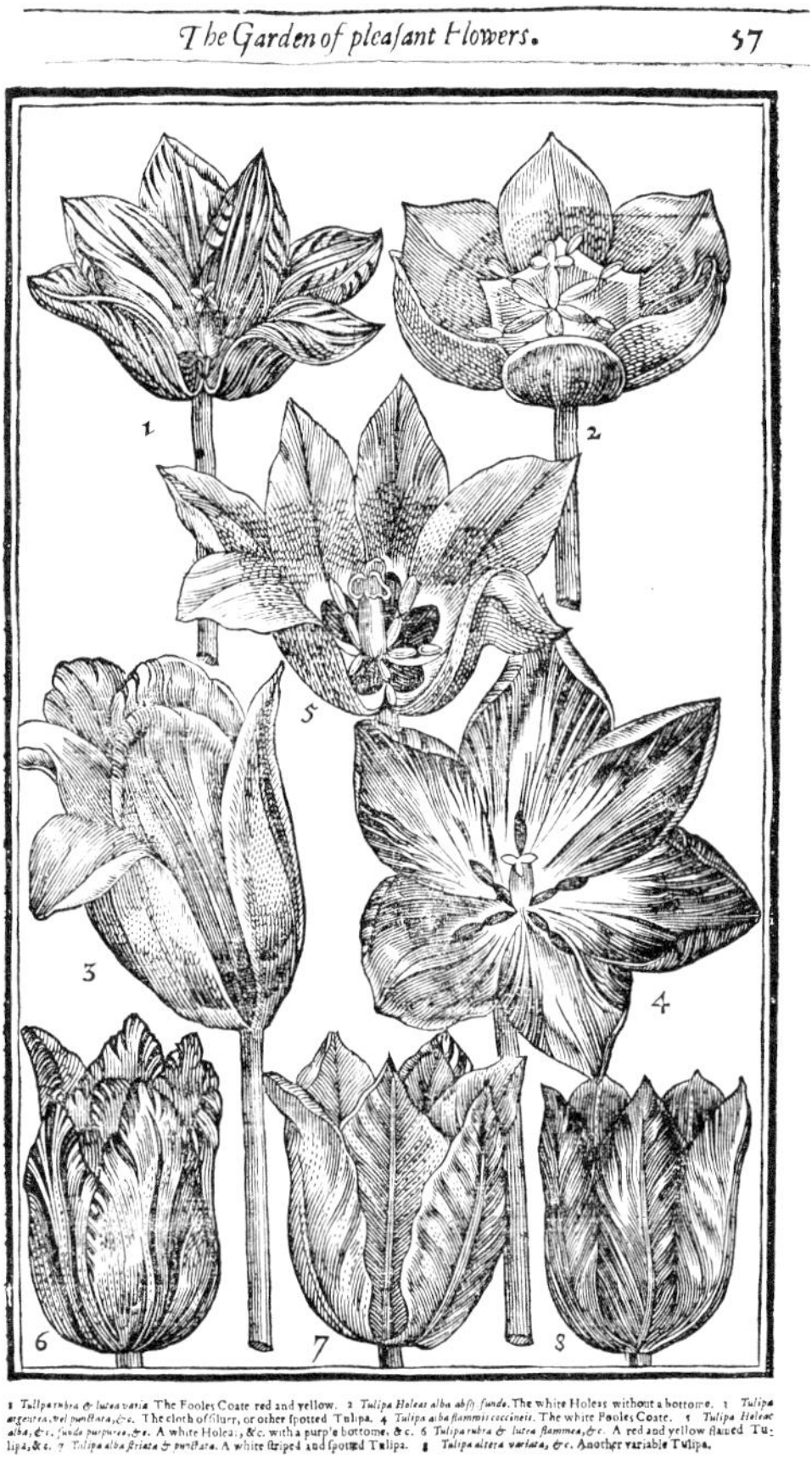


ジョン・パーキンソン
『太陽の楽園 地上の楽園』（1629年）より

パーキンソンだろう。パーキンソンは一四〇種類を列記し、「いまや我が国の庭園に市民権を得たこの花たちは、我々に大きな喜びを与えてくれている。種類も増え、その原産地を凌駕するほどだ。この花は、他の花々にない気品と日々出現する見事な色の多様さで、美を愛する全ての人々に受け入れられ、賞賛されている」と述べ、「色と色が相呼応しうまく組み合うように配置して、花壇が珍しい刺繍や絵画に見えるように植えなさい」と薦めている。また、チューリップの効用についても研究し、次のように述べている。「首の筋肉が痙攣する者は、安い葡萄酒（つまり赤葡萄酒）にこれを漬けて飲めば、効き目がある」、ただ球根の媚薬成分については「私自身たくさんは食べていないし、私が球根を与えた者たちを見ても性欲亢進作用についてはなんとも言えない……」。

チューリップの名声が、バラや水仙をしのいだ時期もあった。チャールズ一世の庭師だったジョン・トラデスカントは、宮廷の庭で五〇品種を育て、その王室趣味を、皆が競って真似をした。また、トーマス・ジョンソンは、新約聖書に言う「野のユリ」とは、チューリップのことに違いないと主張して、この香りのない花に聖なる芳香を与えた。

「我が救い主は、あらゆる栄華を極めたソロモンでさえ、一本の野のユリほども着飾ってはいないと言われたが、その野のユリとは、まさしくこの花のことに違いない。私がそう考える理由は、第一にその形だ。花形がユリに似ている。それに、この花は、我が主が親しんだ地域に自生している。第二は、尽きることのない色彩の変化だ。これほど多様な色を見せる花は、他には見当たらない。第三に、驚くばかりの美しさと種類の多さだ。これが私の意見とその理由だ。賛否両論歓迎する。」

詩人も黙ってはいない。現代のストラットフォードでは、春になれば庭園にチューリップが燃え立つが、シェークスピアはこの花を知らなかったようだ（少なくとも、この花のことは一度も書いていない）。生垣の根元に咲く野の花を好んだミルトンも然り。しかし、ヘリックは『サフォーの悲しき恋の病』でこう語っている。

雄々しいチューリップは悲しみで頭を垂れる
まるで、処女を奪われた乙女に対するように。

しかし、ヘリックが最も心を動かされたのは、この花のはかない美だった。マーベルもチューリップを愛した。内乱のさなか、平和だった日々を懐かしみ、

あの頃、庭にはただ搭があり、
そして花たちがその守備兵だった

何色もの筋をつけたチューリップは
私たちを守る傭兵だった。

チューリップがフランスに入ったのは随分後になってからだ。度重なる宗教戦争で、穏やかな庭仕事の楽しみどころではなかったから、球根が花をつけたという記述は一六〇八年まで現れない。ところがこの頃以降、ファッションに敏感な女性たちはみな、春になると、広く開いたドレスの胸元を珍しい花々で飾るようになった。それから数年のうちに、球根が驚くほどの高値で取引されるようになった。メール・ブルン（栗色の肌の母）という名の球根一個のために、製粉業者が製粉所を手放した。ある若いフランス人男性は、花嫁の持参金としてマリアージュ・デ・マ・フィーユ（娘の結婚）というお誂え向きの名の付いた珍しいチューリップの球根一個を受け取って喜んでいる。また、結婚の記念に、評価額三万フランもする繁盛していた醸造所とビアホールチューリップという名の球根とを交換した愛好家もいた。この流行はフランドル（ここでは、ルーベンスが新しいチューリップ庭園で二番目の妻のエレナ・フルマンの肖像画を描くのに忙しかった）を通って北上し、オランダに伝わった。そして、ここが園芸史上最も驚きに満ちたドラマの舞台となった。チュルペンウッド（Tulpenwoede）、またの名を、チューリップ狂時代という。

## 二、オランダのチューリップ狂時代

この巨大なギャンブルは、南海泡沫事件《サウス・シー・バブル》やミシシッピー会社事件のごとく、国家的大混乱のうちに終わったが、それを理解するためにはまず、この花の植物学的な特性を知る必要がある。コンスタンティノープルから初めて持ち込まれた球根は、恐らくスピーシーズ・チューリップ（つまり野生チューリップ）ではなく、栽培種だったに違いない。さて、単色のチューリップ（ブリーダーと呼ばれているもの）は、他の花にはない特質として、様々な色に変化してゆくという珍しい性質がある。時々、スポートとかフリークと呼ばれる変種も現れる。ジェラードは、「自然は、私の知るほかのどの花よりも、この花と戯れたがっているようだ」と述べている。一旦変化（ブロークン）して斑入りになると（修正される、という言葉が使われることもある）、その球根はもうほとんどもとには戻らない。もし、子球で増やせば、新しい球根はだいたい親と同じになる。もし種子で増やせば、花が咲くまでゆうに七年以上もかかるが、苗はやがて単色の花を咲かせ、いずれ色が変化する。その変化の予測が不可能なゆえに、賭けの対象となるわけだ。

十七世紀のオランダ人はこう書き残している。「もしあるチューリップに変化が見えたら、持ち主は花屋に行ってそのことを喋る。すぐに、皆がそのうわさを始め、誰もが見たがるだろう。もしそれまでになかったような花だということになれば、皆がそれぞれの意見を述べたてる。あの花と比べてどうだとか、これと比べてどうだとか。もしその花がアドミラール〔提督〕に似ているということになれば、ヘネラール〔将軍〕とか、思いつくままの名前を付ける。そして、この花を忘れないで噂をしてくれるようにと、仲間たちにワインをおごることになる。」

チューリップ狂いは一六三四年から三七年にかけてその頂点に達するが、それ以前からオランダ人の愛好家は、珍しい球根の値段を途方もなく押し上げていたのだった。花弁が赤と白で付け根が青みを帯びた、ゼンペル・アウグストゥスという種類は、一六二三年にワッセナールが書いたものによれば、「これほど珍重されるチューリップは他にない。何千ギルダーもの値で売れたものもある。ただし、土から上げた球根に小さな塊が二つ付いていたりすると、翌年には子球に育つから、売り手自身が一杯食わされることになる。つまり、売り手は二、〇〇〇ギルダー損をする。子球は利子で、資本も手付かずに残るわけだから」。

じきに、数平方メートルの裏庭でもあれば、誰もが球根を育てるようになった。元手はわずかだ。ブリーダー・チューリップが数個あれば事足り、儲けは巨額だ。チューリップ栽培と投機が一緒になって盛り上がって行った。ベックマンによれば、「商人ばかりでなく、貴族、あらゆる職業の市民、機械工、漁師、農夫、泥炭採掘者、煙突掃除人、召使、女中、古着屋の女主人、など。初めは、誰もが儲けて、損をする者はいなかった。ギャンブルがますます激しくなると、住宅や地所が抵当に入った。手工業者は、生活を支えるための作業道具を売りに出した。最貧困層の人々が数ヶ月のうちに家や馬車や馬を手にいれて、その土地の一流名士のように振舞った」。ある投機家は、四ヶ月で英貨にして五、〇〇〇ポンドを手にしたと言われる。熱狂が吹き荒れていた三年の間に、一つの町だけで一、〇〇〇万ポンドもの額の取引があった。

オランダのあらゆる町で、居酒屋がチューリップ取引の集会、あるいはクラブの場となった。このクラブについて描写した当時の文章がある。二人の織物職人の球根売買についての対話だ（『ワールモントとハールフートの対話』＝本書に別稿として掲載）。

ハールフート　お前が欲しけりゃ、俺の「カルハズンチュ」を売ってやるぜ。お前は良い奴だし、俺の親友だから、他の連中より安くして、五〇ギルダーでどうだ。もしお前が一五〇ギルダーの利益を上げられなかったら、俺が差額を補償するよ。

ワールモント　なんてうまい話だ！　けど、俺が球根を買うとして、それをどうやって売ったら良いんだ？　俺のほうが出かけて行って売って歩くのかい？

ハールフート　いいかよく聞け。居酒屋に行くんだ。いくつか教えてやるよ。なんせ、クラブをやってないとこなんてないからな。居酒屋に着いたら、フローリストはいるかって聞いてみな。お前は新入りだから、クラブの部屋に入った途端、おまえにアヒルみたいにガーガー言う奴がいるかもしれん。「見たことない奴がいるぜ！」って言うのもいるだろう。そんなこたあ気にすんな。お前の名前が石版に書かれる……。

それから話は二種類の取引方法の説明になる。球根を表立って売りに出すのは法律違反だ。だが、隣に座ってる奴に、「俺のとこは、黄色が余ってんだが、白が足りないんだ」とつぶやいてみる。そこに仲裁人が二人入って交換か売買が成立するとしたら、それには誰も文句を言いはしない。もう一つの方法は、球根を一般競争入札にかけるってのだ。飲み代や食事代にタバコ代、それに光熱費をまかなうために「酒代《心づけ》」というのを支払う。「俺はしょっちゅう居酒屋に行くぜ」とワールモント。「焼いたり揚げたりした魚や肉を食ってさ。鶏やウサギやうまいパンも食って、朝から翌朝の三時四時までぶどう酒やビールを飲み明かす。そんで、家に戻る頃にゃ、出かけた時より金が増えてるって訳さ。」

投機熱が始まったばかりの頃は、球根を土から掘り出す六月末からまた植えつける九月までが売買の時期だった。やがて、取引は年間を通して行われるようになり、夏に現物を引き渡す約束になった。

ベックマンによれば、「こんなわけで、投機家は、一度も受け取らず、また、受け取りたいとも思わない球根に大金を提示して、支払った。一方、所有したこともなく、配達するつもりもない球根を売る者がいた。貴族が煙突掃除人から二、〇〇〇ギルダーもの額のチューリップを買い、その場で農夫に売りつけたが、貴族も煙突掃除人も農夫も、誰一人として球根を手にせず、所有したいとも思わないのだ。チューリップの季節が終わるまでに、オランダ中の庭に実際に栽培されている以上の球根が、売買され、予約され、配達の約束がされたのではないだろうか。ゼンペル・アウグストゥスは、実際に現物がないことが二度もあったにもかかわらず、ほかのどの種類よりも盛んに売買された」。チューリップの球根は、手に入れた物が約束の品かどうかは咲くまで分からないのだから、ペテン師にとってはまたとないチャンスの到来だった。

投機熱が始まった頃、数は少ないが極端なチューリップ嫌いの人々が出現したこともまた、驚くには当たらない。中でも有名なのが、レイデン大学植物学教授のエイヴラール・フォルスティウスだった。この教授はチューリップを見るたびに、怒りに駆られて杖で球根を叩き潰したものだった。トーマス・ブラウン卿は『キュロス大王の庭園』の献辞で「気高き喜びに酔うチューリップ教信者は、自分の恩師からさえも辛辣に批判される」と述べている。

チューリップ投機家たちが支払った最高額は、花の美しさとは何ら関係がない。ヴィス・ロアと呼ばれる球根一個に支払われた財貨は、馬車二台分の小麦、ライ麦が四台分、太った雄牛四頭、太った豚八頭、太った羊一二匹、葡萄酒の大樽二樽、八ギルダーのビール四樽、バター二樽、チーズ一、〇〇〇ポンド、ベッド一式、洋服一着と銀のコップなど、占めて二、五〇〇ギルダーに相当した。ゼンペル・アウグストゥスの球根一個なら、これの二倍の額に加えて、新しく綺麗な馬車と馬二頭も渡すだろう。

もうお分かりのように、球根自体が手から手へ動くことはほとんどない。一つの例を見てみよう。チューリップ好きの一人が売り手と契約をして、植え込み時期に球根一個を配達してもらい代金を支払うことにする。秋が来て、その球根の値段が上がると、売り手はそのチューリップ愛好家に値上がり分の差額を払う。もし値段が下がったら、その時は、チューリップ愛好家の方が差額を払う。いずれの場合も、売り手は球根を手元に置いたままだ。つまり、我々も良く知る株取引という賭けごとである。

一六三七年の初春、暴落は突然やってきた。素人連中が飽きて、市場で投売りを始めたのだ。誰しも売りたがり、買いたい者はいない。運の悪い売り手たちは、信用回復のために模擬競売も試みたが、効果はなかった。もうそんなことで騙される者はいない。二月二十四日、オランダ主要都市の代表がアムステルダムに集まって善後策を講じ、十一月末以前までのチューリップ取引は拘束力があるが、この日付以後のものは、買い手が三月までに通知を出せば無効に出来るということになった。しかし、誰もこの決定に満足などしない。「俺から買った奴が俺に払ってくれたら、お前さんに払うが、買った奴の居所が分からん」と哀れなハールフートが言う。訴訟を起こす者が裁判所に殺到し、お手上げとなった裁判所は市長に訴えた。冬の間に取り交わされた契約は全て無効だと宣言するよう、オランダと西フリースランドの知事に請願が送られた。知事らは証拠不充分だと言葉を濁し、市長に、「関係者に穏やかな話し合いをさせられたし」と勧告した。だが、すぐに、手を打たざるを得なくなった。四月になると、オランダ最高裁は、買い手から支払ってもらえない売り手は、球根を処分し、もとの契約よりも売値が安ければ、その差額を買い手に請求してもよい、と宣言した。また、さらに調査が進むまで、全ての契約は拘束力があるとも裁定された。しかし、売り手の多くは、損失を押さえるために、遅延やはっきりしないことはご免とばかりに、本来の売上の五パーセントでも一〇パーセントでもよいから、すぐ取れる代金を受け取ろうとした。

チューリップ狂の伝説的逸話には事欠かない。一つを紹介するだけでも充分だろう。ハールレムのある花屋組合は、ハーグの靴屋が黒いチューリップの栽培に成功したと聞くや、靴屋に会って、押し問答の末にその球根を一、五〇〇ギルダーで買い取った。球根を手にするやいなや、組合の連中はそれを地面に投げつけて足で踏み潰した。たまげた靴屋が抗議すると、連中の一人が叫んだ。「間抜け！

俺たちんとこだって黒いチューリップがあるんだ。これで、お前にゃもう運は向かないな。お前が一万ギルダー要求してたら、俺たちはそれだってお前に払ってやったのに」。大金を儲けそこなってすっかり気落ちした靴屋は、どっと寝こんで、あっという間に死んでしまった。

デュマがあの有名な小説を書いたのは、こんな話にヒントを得たのかもしれないし、モンステリュウルが『フランスの園芸家』の中で珍しい色に注目したのもこの話のせいに違いない。ただし、四月中旬に植えて、翌五月の初旬に咲く球根を作ろうなどというのは、あまりに想像がたくましすぎるというものだ。

ハールレム市警団の中尉だった画家ヘンドリック・ポットは、当時の熱狂を諷刺した面白い絵を描いた。《フローラの愚者車》という戯画だ〔一七八頁参照〕。車輪と帆を付けた大きな車の後部に、花の女神フローラが、右腕にチューリップをたくさん差した角を抱え、左手に三本の花を握っている。ゼンペル・アウグストゥスとヘネラール・ボル、それに、アドミラール・ファン・ホールンだ。車には花で飾り立てた三人の栽培家が座り込んでいて、彼らの名前は、「ごくつぶし」、「成金」、「大酒のみ」。「あてはずれ」と「けち」という名の女たちは希望の鳥を取り戻そうと必死に手を伸ばしているが、鳥は手の届かない所で羽ばたいている。車の後ろには「あたしたちも乗っけてよ」と叫ぶ群衆が、足元に打ち捨てた機織機《はたおりき》を踏みつけながら、車を追いかけている。地面にはチューリップが散乱し、画面後方には、転覆した別の車の残骸が見える。

十七世紀になると園芸関係の研究書が初めて出版された。モンステリュウルの『フランスの園芸家』（一六五四）はチューリップ栽培に関する労作である。十八世紀には、ファン・オーステンの『オランダの園芸家』（一七〇三）が出て、ここでも中心はチューリップだ。それから、ル・ペール・ダルデーヌの古典『チューリップ概論』（一七六〇）もある。ファン・オーステンの著書はほとんどモンステリュウルの受け売りとはいえ、楽しい読み物だ。例えば、種子は、月が欠け始め、北風が吹いたら播くようになどと書いてある。この本はなんでも説明してくれる。どんな土にしたらよいかや、良い花の判定方法を始め、夏の間、球根は「紙のひつぎ」に収めるが、その際どんな風に保存したらよいのか、花は子供のように世話をし、太陽や雨露から守り、風に当てず、病気をいち早く見つけるために毎日点検しなければならない、等々。一六九〇年に導入されたパーロットチューリップは、「化け物、見るも恐ろしい」と断定されている。ブロークン・チューリップについては、「内に潜む苦痛を外に暗示する、病んだ球根だ」という説を断固否定し（これが間違いなのは、現代の我々の知るところである）、斑入りの花をつけるのは人が加齢と共に白髪になるのと同じだと信じていた。そしてえせ栽培家を毛嫌いもする。「無知な詐欺師だ。花の咲き乱れる我が庭園の中を豚のようにかぎまわり、尊大にも厚かましく、富を持ち去って行く。彼らの喋るチューリップの話はぞっとする騒音だ。それを聞く者は、奴らの目が見えないか口が利けなければいいのにと思うか、自分に耳がないことを願うことだろう。連中は名も知らぬ神にいけにえを捧げ、フローラの神殿で知りもしない神を崇めたてるのだ。」

ファン・オーステンは、花の女王を汚すなと朗々と宣言する（彼はチューリップをいつも女王と呼んでいる）。

「もしチューリップが、誰にでも手に入る、ありふれた花になってしまったら、花を愛する我々は人間らしい会話の楽しみを奪われかねない。珍しい花は、物知りの芸術家たちにどれほど多くの友との出会いをもたらすことだろう。花を訪れる楽しみをいや増してくれるだろう。親しい会話がなんと多く交わされることだろう。精緻な研究がなんとたくさんなされることだろう。花々のことを考える時、チューリップを思う。そして、自然の造化の妙と創造主の力に思いを馳せる。それは、この世にまたとない甘美な時であり、思索への楽しい糧でもある。もし我が原始の父であるアダムが無垢のままでいたならば、このような思索こそが、その仕事となったことだろう。」

チューリップの公の売買が禁止されると、栽培家は個人的な取引を始めた。だが、これも反感を招きかねない。結局、フランドルの栽培家たちは、各都市に聖ドロテアを守護聖人とした愛好会を作った。取引で見解の相違が出ると、組合が判定を下すこととし、それをより権威付けるために、組合長四名をそれに参加させた。組合長らは親しく話し合って、皆の尊敬を集めた。オランダ人はこの件で

小冊子『織物職人の対話』に掲載された版画
《花の女神の道化師帽子…》

もう一つ別の規定も作った。チューリップが満開の時期の一日を選んで皆が集まり、主だった栽培家たちの庭を見学し、質素ながらも楽しい食事を共にした後、その年の花争議の裁定人を仲間から一人選出することにしたのだった。

オランダでチューリップ狂時代が再び繰り返されることはなかった。しかし、この花の揺るぎない人気は、オランダの園芸書や静物画に重要な位置を占めつづけた事実でもよく分かる。一八三六年になっても、「アントワープの城」という新品種の球根に六五〇英ポンドの値が付いている。十八世紀初頭になると、八重咲きヒヤシンスが現れ、怪しい兆候が見えたが、『織物職人の対話』の再出版で騒ぎは沈静した。この小冊子のために特別に製作された版画に《花の女神の道化師帽子・麗しき一六三七年の風景、愚か者が愚か者を呼び、何も持たずに金持ち気分、何も知らずに物知り気分》がある。

## 三、イギリスのチューリップ狂時代

沈着冷静なはずのイギリス人でさえも、このような狂騒に無縁とはいかなかった。十八世紀にはアディソンのような人の批評があって、なんとか破滅を回避出来たと言えよう。ラ・ブリュイエールが『当世風俗誌』に書いたチューリップ狂についての有名な諷刺を真似て、一七一〇年タトラー紙に次のような文章が掲載された。

「ポーチに座っていると、二、三人の男が夢中になって話す声が聞こえた。アレクサンダー大王とか、アルタクセルクセスなどという名前が聞こえて来るものだから興味をそそられた。男たちの話には歴史的英雄が次々と現れる。これは特に内密の会話ではなさそうだから、聞いていてもよかろうと思った。

まるで空想のように脈絡がなく、何人もの偉人の名前が比較されたあと、一人がヴェンドズム公爵より黒太子の方が遥かに立派だと言い出したのに驚かされた。ヴェンドズム公爵と黒太子がなんでまたライバルになるのか皆目分からない。するともう一人が、声を大にして、もしドイツ皇帝が駄目にならなければ、二人よりそっちの方がいいに決まっていると主張したのには、ますます驚かされた。さらに付け加えて、変わりやすい天気なのにマルボロ公爵は見事に咲いているとも言っている。この連中はどこでこんな妙な知識を授かったのやら。さらに、他にも数人の将軍の名前が上がって、ヘッセンの王子とスウェーデン王は消えてしまった。フランス王は弱いが、ヴィラーズ元帥はまだ色がよいというのには私も同意見だ。最後に、一人が仲間に、もし一緒に来るなら煙突掃除人と紅を塗った貴婦人が同じベッドにいるのを見せてやろう、きっと気に入るぜと念を押す。雨が止むと、雨宿りしていた男たちが私の前を通り過ぎて庭に入って行ったので、私も仲間に入れてくれと頼んでみた。

その家の主人が私にこう言った。旦那が花好きなら、寄っていく価値はありますぜ。国中どこを探してもないような見事なチューリップの花をお見せしましょう。

中に招じ入れられた途端分かった。この人たちは庭仕事の話をしていたのだ。彼らが話していた王や将軍は、庭師がたくさんのチューリップにつけた肩書きや称号だったのだ。

私がうっかり、一本のチューリップを見たこともないくらい美しいと誉めると、皆は、それはフールズコート〔愚か者の上着〕というありふれた花だと言う。それで、私がまた別のを誉めると、それも同じフールズコートのようだった。主人は私の無知に苦笑い。ヒポクラテスならチューリップ狂いとでも呼ぶにちがいないような伝染病で頭がいかれてさえいなければ、この男は全く飾り気のない実直な良識人のはずだ。チューリップ以外のことなら、世界中のどんな問題でも理性的に話せるだろうに。

その主人は、我々の目の前に広がっている長さ二〇ヤード、幅二ヤードほどの花壇は、イギリスで最高の一〇〇エーカーの土地よりも価値がある、と言うのだった。それに、ほんとは今の二倍の価値があったのに、アホな女中がチューリップの球根を玉ねぎの山と間違えて、一、〇〇〇ポンド以上も価値のあるポタージュにしちまって、去年の冬は破産しそうになった、と言うのだ。」

こんなタイミングのよいひやかしで、急場を救ったわけだ。

十八世紀の英詩には、思いのほかチューリップは登場しないが、トムソンはその鋭い観察眼で、斑入りチューリップの美しさを謳っている。

そして、チューリップたちがやってきた
美人は気まぐれ、あだ花咲かせ……

ポープも歌う。

ご婦人方は斑入りチューリップ
気まぐれこそがその魅力

アイザック・ワッツはこの花に道徳を見る。

チューリップや蝶々のまとう外套は
私の服より色鮮やか
私も好きなだけ着飾ろう
けれでも私はかなわない
蝿やら虫やら花たちに

## 四、トルコのチューリップ狂時代

チューリップ史を飾る最後のロマンチックな逸話を知るために、東方にあるこの花の故郷にもう一度目を向けてみよう。ギリシア神話では、アネモネはアドニスの血から咲き出したというが、ペルシアの伝説では、

春の足音聞こえると
紅杯掲げるチューリップ
シリンに焦がれるフェルハドは
胸張り裂けて涙して
砂漠を赤く染め尽くす

野生チューリップが咲き乱れる、フランスとインドの間の、あの広大な地域のどこを見ても、この花の栽培が一五〇〇年を遡るとは思われない。この時代以前には、ペルシア美術にも、チューリップ

の図柄は現れない。[3] サーディはこの花を知っていた。ハフィズは恋人の頬をチューリップになぞらえている。オマル・ハイヤームのあまりにも有名な詩から引用することをお許し願えるのなら、

朝、地表から顔を上げ
美酒を酌むチューリップ
あなたも試して御覧なさい
天地が逆さになるように
コップが空になるように

ただ、これらの詩人が心に描いたのは野生チューリップだったはずだ。十六世紀のムガル皇帝バーブルは、カブール近郊の平原で三三もの品種を確認したが、庭園用の交配種については何ら言及していない。

チューリップが栽培され始めると、東では、花弁が尖り、竪琴のような形をした花が好まれた。一方、西では、もう少し形の崩れた卵形で、内側にカーブした花びらをつけるものに人気が出た。

ペルシアでは、この花は無垢な恋人たちのシンボルとなった。「若者が恋人にこの花を捧げるのは、

恋人の美しさに夢中だということを花の色で伝え、心が燃えて熾《おき》になっていることを花びらの根元の黒さで知らせるためだ」とは、ジョン・シャルダン卿（一六七五頃）の言だ。

トルコのオスマン家の紋章となったチューリップは、フランスのユリ形紋章にも比肩する象徴としての重みを持った。やがて、織物や陶器の図案に好んで使われるようになり、多くの詩人が取り上げるようになった。十六世紀のトルコ皇帝セリム二世（飲んだくれセリム）のもとで首相だったモハメドは、自らの邸宅の一角に、ボスポラス海峡の黒い水に突き出るようなチューリップ風あずまやを建てた。庭園には珍しい球根を植えて、気弱な皇帝をもてなした。壁に見事な花々が描かれたこのあずまやは、今でも見ることが出来るが、残念ながら、何世紀も放置されていたために、色あせ、崩れかけている。

かつてこの素朴な花にその名を与えたターバンは、豊かに繁殖した栽培種を真似るかのように形を変えていった。マホメットの末裔が緑の衣をまとう姿は、サクヴェレル・シトウェルも記すように、チューリップの茎と花のように見えたことだろう。「チューリップの栽培家にして愛好者のボワサール[4]

トルコ製の皿
（16世紀後半）より

トルコ製の織物
（1600年頃）より

は、一五九五年、トルコ皇帝についての本を出版した。その本の中に、ターバンのさまざまな形を特に誇張して描いたド・ブライの銅版画を入れているのも、決して偶然なことではない。」

次の世紀になると、スルタン・イブラヒムはチューリップを愛好したが、その後継者のメフメト四世はラナンキュラスを好んだ。スルタンのためにレヴァント中から珍しい品種が集められた。その後しばらく、花よりも野菜を大事にする時期が続いた。一七〇〇年にトルコを旅したフランスの植物学者トゥルヌフォールによれば、トルコ人は一般的に庭には関心がなく、もっぱらメロンやキュウリを作っていたという。アフメト三世（一七〇三―三〇）治世下になると、チューリップの人気が盛り返し、ちょっとしたブームになったが、オランダで起こったような詐欺商法が横行することはなかった。新品種を作り出した栽培家はたっぷりと報奨金を受け、その花を謳いあげた詩人も幸運にあずかった。ペルシア産の球根一個に一、〇〇〇個の金貨が払われた。スルタンの命令で、コンスタンティノープル市長は値段を統制しなければならなかった。宮殿からは一回に五万個もの球根を集めるようにと注文が出て、宮殿の庭園には五〇万個以上の球根が植えられたという。シャイフ・モハメド・ラーレザレ（チューリップ王）は一、三〇〇品種を越えるリストを作ったが、与えられた名前はどれも花々に劣らず愛らしかった。美女への報い、恋人の夢、稲光、ピンクの夜明け、心地よいそよ風、魂の復活、天国のルビー。誰だってこういう名前の方が、H・ユーバンク師とか、ポッター・パーマー夫人とか、フーバー大統領などという名前よりよいと思うに決まっている。だが、周知のとおり、西洋にはもう詩心は残っていない。高齢のシャイフはチューリップを愛し、その愛情が自ら著した本の隅々にまで輝いている。育てあげた完璧な花を語る心の高まりをお聞きあれ。

「色調はバイオレット。新月のようなその曲線。軽やかに、さわやかに、均衡のとれたその模様。アーモンドのようなその形。針のような先端を心地よい輝きが飾っている。内側の花びらは泉のよう。外側の花びらはわずかに開き、それもこれも期待どおり。純白の花びらは完全無欠。この花こそは最高の選ばれしもの。」

トルコ宮廷ではチューリップ祭りが大流行した。一七二六年四月、アフメドの首相イブラヒム・パシャがスルタンのために開いた宴について、フランス大使はルイ十五世に次のように書き送っている。

「チューリップが咲き出すと、それをスルタンに見せたいと首相が言い出した。そこで花の欠けている所には、他の庭から運んで来た花を瓶に差してそこに置いた。花の横には、四本おきに、花と同じ高さの蝋燭を立て、通路にはあらゆる種類の鳥を入れた鳥篭が下がる。飾り格子には、瓶に差した大量の花々が飾り付けられ、様々な色のガラスランプがそれを照らしている。この祭りのために、近隣の森からわざわざ運んで飾り格子の後ろに移植された低木の緑の枝にも、ランプが下がっている。様々な色彩と数え切れないほどの数の鏡に反射する光の効果は壮麗だ。この照明と、トルコ楽器が奏でるにぎやかな音楽は、チューリップの花が開いている間は毎晩続き、スルタンと従者たちは泊まり込んで、首相の歓待を受けるのだった。」

フォン・ハマーも、その不朽の名作『トルコ史』の中でこのような祭りの一つを描写している。スルタンと共に出席したのは、五人の正妻、宮廷のハレムに住む愛妾と奴隷たち、コーヒー給仕長、太刀持ち、厩舎長、皇帝の衣裳係、など。つまり、宮廷に多少とも関わりのある者たち全員である。花に囲まれて、豪華な晩餐が供され、全ての招待客にショールやら、宝石やら、高価な着物といった贈り物が配られた。花の審判員の大役を仰せつかった宰相は、最も美しい花を育てた者に「花の名匠」の称号を授与する。正統なペルシア語とアラビア語で綴られ、鮮やかな色彩の花輪で彩られたこの賞状の文言は、その賞賛の対象となる花にも負けず華やかだ。その華麗な弁舌をなんとか訳出してみよう。

「園芸家たるものはことごとく、この賞状の受賞者を師と仰ぐべし。師の面前に出る折は、目は水仙のごとく、耳はバラのごとく開くべし。舌十枚のユリになぞ、ゆめゆめなるべからず。尖った舌の先端をザクロの刺に変え、見苦しい会話の血の中に浸すべからず。謙遜であれ。バラの蕾のごとく唇を固く閉じ、頼まれもしないのに香りを撒き散らす青いヒヤシンスのごとく喋るなかれ。最後に、スミレのごとく謙虚に頭を垂れ、謀反を起すなかれ。」

アフメトの後継者マフムト一世治世下では、スルタンの息子の誕生といった一族の重要な出来事の際には、その季節が春ならば、コンスタンティノープルにある宮殿内の庭園で一族だけのチューリップショウを開いて祝った。巨大な木製の舞台がしつらえられ、両袖には切花を差した花瓶を載せる棚が設けられた。花瓶の間にはランプや、様々な色の水を満たしたガラス球や、カナリアの鳥篭がある。そこここに、花々が、あるいはピラミッド状に、はたまた搭やアーチのごとく飾られ、地面には絨毯と見紛う模様が花びらで描かれた。日没とともに、太守がカルベット（内輪だけの集まり）を宣言すると、庭園の外門が閉められる。砦の大砲が礼砲を打ち、ハレムの扉が開け放たれた。すると、宦官の掲げる一、〇〇〇本の甘く香るたいまつが突然に輝き、女たちが一斉に飛び出してくる。それはまるで、花々にとまって蜜を探し回る蜂のようだ。ボスタンジ（宦官の庭師）たちが鋭い叫び声を上げ、大砲は轟音を発し、宮廷の愛妾たちが上げる喜びの声がそれに加わる。一年間の幽閉に半ば正気を失った女が、花の中に倒れこみ、花の美しさを妬んで千切り捨てることもある。しかし大抵は、女たちの目的はただ一つ。王であるご主人様に注目されることだけだ。夜も更けた頃、ハレムの御局は、太守が最も気に入った娘を差し出す。太守が投げたハンカチは、その娘と寝間に下がりたいとの意思表示。人々は中庭から引き下がり、幸運にあずかれなかった娘たちも消えて行く。そして、幾夜となく続く、絶えがたく退屈なハレムで、この忘れ難い夜会の思い出に心を紛らすのだ。

## 五、チューリップ、昨日、今日

花々と愛妾に囲まれた太守に別れを告げて、ありふれた十九世紀イギリスに戻るとしよう。ここでも比較的穏やかながらチューリップ熱は相変わらず続いていた。国中でチューリップショウが開催され、四〇年代に北部の愛好家たちが優れた花を決める基準をもっと厳しくしようと立ちあがると、北部と南部の間でいわゆる「チューリップ戦争」が勃発した。一八四九年、全国チューリップ協会が設立されると、数え切れないほどの新品種が市場に出まわった。

ここで一息入れて、ヴィクトリア朝初期の機関士、トム・ストアラーを訪ねるなら、彼は、ダービーの鉄道の近くで栽培したチューリップで有名になった。日曜日になるといつも、大きなシルクハットを被り、小さな黒い汽車がガタゴト走る線路脇の小屋の傍で、大事な球根の手入れをするこの男を見ることが出来た。リチャード・ヘドレイという男もいた。ショウの季節が来ると、労働者を雇って自分の花の見張りをさせたという（その労働者は武装していたようだ）。彼らは、イギリスのチューリップショウに活力を与え、この花の人気を支えている小規模の栽培家たちの典型と言えよう。

十九世紀は真摯な栽培家を多く輩出した一方で、哀れなチューリップを歌った詩も生み出した。モンゴメリーの詩『チューリップ球根を植える』（一八二四）はあまりにも気の毒で引用を差し控えたいほどだ。生まれたばかりの花に魅せられた『フローラの神殿』の著者ロバート・ソーントンは、エラスムス・ダーウィンの優しい詩想を借りて、「冬の季節に、小さなチューリップの蕾を一つ、開いてごらん。春が来ると愛する者の目を魅了する花の完璧なミニチュアが、もうそこにある」と書いている。ある詩人はこの不思議な事実に着想を得て、英語圏で最も優れた詩の一つを書いた。

手入れされた芝生やら、わびしいごみための上やらに
晩秋の風、うねり、吹きつける
美しいトゥリパは、危険を察知
急いで子供を腕に抱き
柔らかい胸で慈しみ
子供の命を守りぬく
自分の命を賭してまで

リー・ハントは「思う心を花に託しなさい」と読者に呼びかけて、情けない語呂合せを借用する。

「チューリップは唇の上下」などはその例である。テニソンの『庭師の娘』の主人公は、「オランダ人の花好き」を頻繁な訪問の口実にしている。

ロバート・ブラウニングは赤いボローニャチューリップに注目した。これはイタリアの野生種ではないが、土着化して既に久しい花である。

短くとがった小麦の畑
そのエメラルド色のただなかに
突き出た大きな赤いベル
それは野生のチューリップ
指三本もないその高さ
まるで透き通った血の泡のよう
子供が摘んで売りに行く

エリザベス・バレットは『オーロラ・リー』の中で（チューリップが土を選ぶことはまるで知らないらしく）こんな説教をしている。

物作りの達人は
駄目なものから良いものを、
最悪から最善を作り出す。
堆肥の山に植えるチューリップ
最も美しい花を期待するように……

最近の詩になると、ヴィクトリア・サックヴィル・ウエストの詩に、チューリップが頻繁に登場する。それに、ルパート・ブルックが一九一二年にベルリンで発した望郷の叫びを忘れられようか。

ここでは、チューリップは命じられるままに花開く。

ソーントンが「植物界の中で最も魅惑的な美」と呼んだ花々の完璧な姿は、ハンバート・ウルフの短詩にも見出せる。

貴婦人のごとく清楚にして
ガラスのごとく涼しげで
新鮮で香らない
それがチューリップ

その姿を銅版に
彫りこんだ名工
捧げる祈り
「生きてくれ、可愛い花よ！」
銅のままのその花は
ただ立ち尽くす

この五〇年の間に、チューリップ栽培は大きな飛躍を遂げた。新種を求めてアジアの奥地が調査され、優れた交配技術で見事な品種が次々と生み出された。一八八九年に初めて市場に出たダーウィン系チューリップは世界的な人気者になった。しかし、この花についてはまだ解決を見ない問題も多く、その来歴に不明な部分が多い。いつの日にか研究者は、我がチューリップの起源、祖先は何であったかを明かすことが出来るかもしれない。しかし、初期にいかなる成長を遂げ、どのようにして中近東で栽培されるに至ったのかは、恐らく解明不可能だろう。イタリアとサヴォイは植物学者が研究し尽くした地域なのに、比較的新しい時代になって、ここに幾種類もの野生チューリップ（いわゆるネオ・チューリップ）が突然に出現した理由も、いずれ分かる時が来るかもしれない。それに、チューリップを斑入りにさせるウイルスについてさらに理解が進み、これを制御する手法が開発されるかもしれない。チューリップを愛する者たちは、こういった問題に取り組んでいる。これから一〇〇年の間に、今、私たちを驚かせている花々に、普通の庭園に咲くようになるかもしれない。ちょうど、十七世紀オランダの素人愛好家たちを驚嘆させた花々を、現代の我々があたりまえのように親しんでいるのと同じように。

## ◎原註

1 ただし、一五四六年から四九年にかけてレバントを旅したフランス人旅行家ピエール・ベロンが、トルコ中の庭園に咲き乱れているのを見たという赤いユリは、チューリップだった可能性が高い。このユリは「私の故郷のそれとは違うけれど、花が白ユリに似ている」とはっきり述べている。ただし、葉の描写を読むと同定し難いが。モンステリュウル（『フランスの園芸家』一六五四）によれば、チューリップは一五三〇年頃にポルトガル領インド総督だったロペス・サンパヨが初めてセイロンからポルトガルにもたらしたとされる。このヨーロッパへの導入については、他にいくつもの同時代の証言もある。チューリップはセイロンでは育たない。サンパヨが帰国途上にペルシアかレバントで、栽培種のチューリップの球根を求めたというのもありうることだ。

2 ドイツがオランダを占領した一九四四から四五年の時期に、オランダ人はチューリップの球根を食べて飢えをしのいだ。

3 ロバート・バイロン（『オシアナへの道』）は、カズヴィーンにある一一一三年のセルジュク朝装飾壁画の中の花の図柄はチューリップだとしている。それが事実としても、その花が栽培種でなかったのは確かだろう。

4 ボワサールがチューリップの栽培家だったという証拠は見当たらない。

5 サクヴェレル・シトウェルの『古風な花たち』（一九三九）参照。

## ◎原書参考文献

チューリップの歴史についてこれまで知られていることの全ては、

Solms-Laubach,Count H. : *Weizen und Tulpe*（Leipzig, 1899）

に網羅されている。この本以降に出版されたものは直接に、あるいは間接的に、この本からの引用に依っている。

英語の近刊のものでは、

Jacob, Rev.J. : *Tulips*（1912）

Hali, Sir A. Daniel : *The Book of Tulip*（Mrtin Hopkinson, 1929）

チューリップの品種については、二作品が傑出している。

Dyke, W.R. : *Notes on Tulip Species*（Herbert Jenkins, 1930）

Hall, Sir A. Daniel : *The Genus Tulipa*（Royal Horticultural Society, 1940）

Solms-Laubach の著書に多くの参考文献が掲げられているが、その中から幾つか上げると、

Passeus, C. : *Hortus Floridus*（1614）

Parkinson, J. : *Paradisi in Sole Paradisus Terrestris*（1629）

Monstereul, La Chesnee : *Le Floriste Francois*（1654）

Oosten, H. van : *The Dutch Gardener*（1703）

D'Ardene, Le Pere : *Traite des Tulipes*（1760）

Sweet, R. : *The Florist's Guide*（1829-32）

Hardy. G.W. : *The Midland Florist*（1847-55）

王立園芸協会誌の次の記事も参考にされたい。

Murray, W.S. : Tulips and Tulipomania（March 1909）

Baker, Arthur: The cult of the Tulip in Turkey（September 1931）

Beckmann, Johann : History of Inventions and Discoveries は、オランダのチューリップ狂について詳細に記述している。

Krelage, Dr. A. コレクション

チューリップ関連本、パンフレット、絵画の収集品が、一九四八年の三月にアムステルダムで競売に付された。一九四二年にオランダ語で出版されたこの著者によるオランダ球根投機に関する本に、チューリップとチューリップ狂時代について興味深い歴史が綴られている。

## ◎植物図譜解説

巻末の一六葉の水彩画〔本書では四点を掲載〕は、ウィンザー城王室図書館所蔵アレクサンダー・マーシャルの植物画集二巻のうちの一巻から、国王陛下の許可を得て複製した。この見事なフォリオ版は一八一八年にブラッセルで購入され、その後王宮所蔵品となった。

画家についてはほとんど分からない。英国人物事典にも何の記載もない。ただ、ワルポールの『秘話』によれば、マーシャルはヴァン・ダイクの模写をしながら、「トラデスカント選りすぐりの花や植物を牛皮紙に描いていた」という。しかしウィンザー城にある画集の絵のほとんどは紙に描かれているから、これが同じ作品とは到底思えない。十九世紀初頭のある文書によれば、ウィンザー城の絵は、もともと、一六八〇年にハールレムでオレンジ公ウィリアム、後のウィリアム三世のために描かれたものとされている。ウィリアムはオランダを去るにあたり、「それをあるオランダ貴族に寄贈したが、オランダ独立戦争の最中、その貴族の家族が悲運をこうむり、この絵を手放した」。この文書の筆者は、マーシャルはオランダの花の画家オットー・マルシュスの息子かもしれないとも書き添えている。しかし、描いた日付が唯一残されている第二巻の最後の一枚に、一六五九年イギリスで描いたとあるから、以上の話はほとんどあり得ない説と言える。さらに、画家自身の手になると思われる花の英語名がほとんどの図譜に添えられている。マーシャルによる他の一二葉の図譜は大英博物館が所蔵している。

[ Rose, flamed ]

[ Bybloemen, feathered ]

Diana
[ Rose, flamed ]

[ Rose, flamed ]

# イスラーム世界のチューリップ

……ヤマンラール水野美奈子

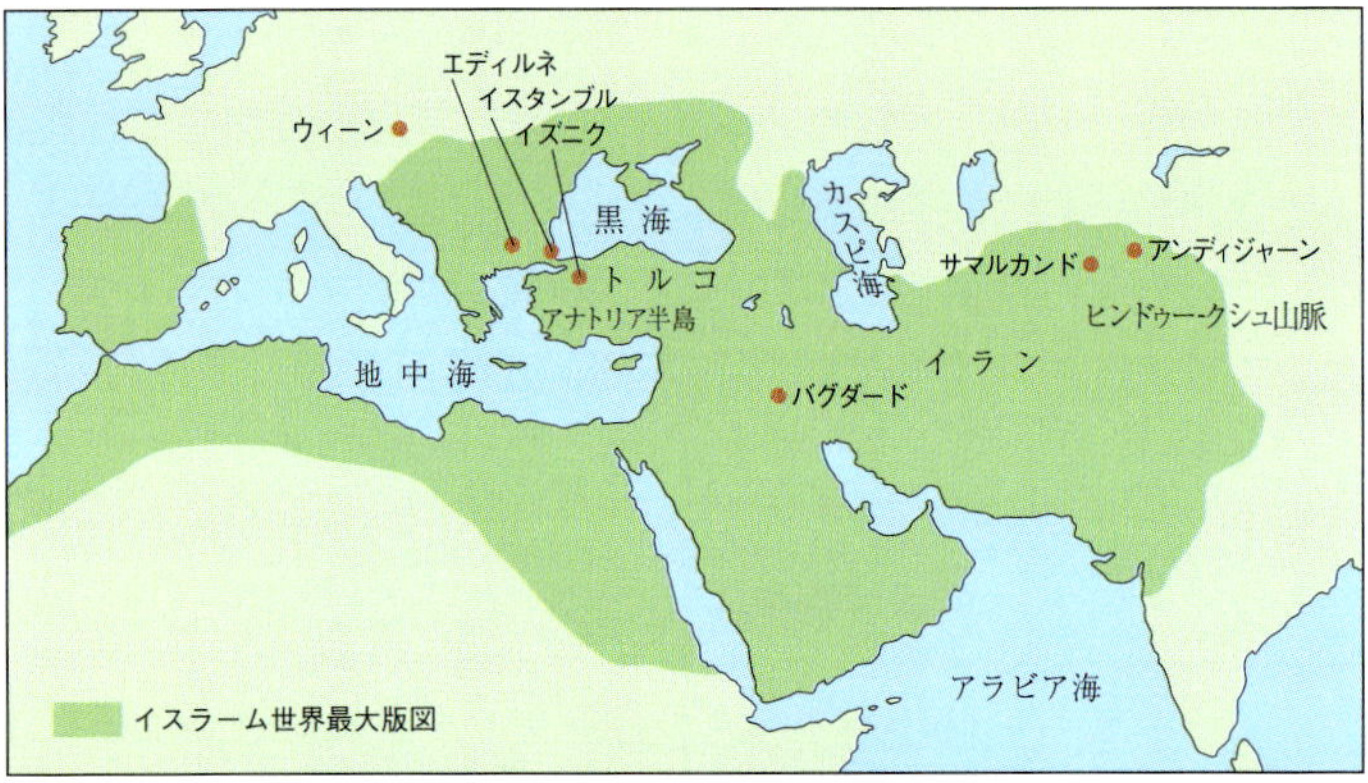


1. イスラーム文化圏地図

# 一、はじめに

## ◆花と民族

不思議なことに、民族には心を寄せる固有の植物がある。それぞれが愛でる花がある。日本人は梅や桜、中国人は牡丹や蘭、古代エジプト人は睡蓮、古代ギリシア人やローマ人はアカンサス、イラン人はバラ、トルコ人はチューリップというように。民族の長い歴史の中で、いつの間にか人々の心を強く捉える花々が定まったのであろう。民族の好む花は、環境・生活・文化などの長い歴史を経て育まれた美意識を満足させる何かを備えているに違いない。何かその民族の心をくすぐるところがあるに違いない。

日本人は何故古くから、梅や桜に心を惹かれ、詩歌にその美を詠み、また絵画や工芸品のモチーフとして好んだのであろうか。これまで民俗学的解釈から美学的解釈まで様々な角度からの分析が試みられてきたが、その真の理由は理論的な解釈や説明では計り知れないのが事実であろう。

イスラーム世界で好まれた花々の中から、チューリップに関して述べるにあたり、何故チューリップがイスラーム世界の人々の心を惹きつけたのか、その深淵部に立ち入ることは難しい。ここではイスラーム世界のチューリップを取り巻く文化について述べたい。

## ◆イスラーム世界と花

イスラーム世界は、七世紀後半から現代まで、西アジアを中心に中央アジア、北アフリカ、アナトリア半島、バルカン半島などに広がりをみせた文化圏である（図1）。イスラームという宗教や思想を土台としたこの文化圏には、アラブ民族、イラン民族、モンゴル民族、トルコ民族を始め様々な民族が登場し、多くの王朝が興亡した。

広大なイスラーム文化圏は、その自然環境も多岐にわたる。自然に恵まれた地域が多く、今日鑑賞される花々の原種の多くがこの文化圏を故郷とする。そのような環境のもと、イスラーム世界の人々はその初期から植物や草花に関心を寄せた。

彼らが詩歌や美術の中で好んで表現した樹木や花の代表的なものを挙げてみよう——杉、糸杉、蘇芳《すおう》、柳、椰子、梅、桃、アーモンド、ザクロ、レモン、オレンジ、葡萄、アカンサス、ユリ、バラ、スミレ、チューリップ、牡丹、芍薬、葵、蓮、カーネーション、矢車草、カタバミ草、水仙、ダリア、ヒヤシンス等々。これらの中でチューリップはイラン人やトルコ人によって特に好まれた花であるが、文学や美術を通じてイスラーム世界に広く知られ、愛された花であった。

チューリップの原産地は西アジアから中央アジアを中心とする領域であり、イスラーム世界の領域は、まさしくチューリップの故郷であった。したがってイスラーム世界の人々は、野生のチューリップにかなり早い時期から親しみを感じていたようである。

やがて時を経ると、より美しい花を咲かせるために品種改良が試みられた。イスラーム世界では九世紀頃から学問の発展がめざましく、植物学も進み、植物の栽培や品種改良の技術が発展した。イスラーム世界では二、〇〇〇種に近い園芸種のチューリップが作り出されたが、その背景にはこのような植物学の発展があったことも留意しなくてはならない。

## ◆チューリップの記録

しかし残念ながら、イスラーム世界で十八世紀まで人々の目を楽しませたチューリップの多くは、今日姿を消してしまった。昔のチューリップの様子を知るには文献と美術に頼るしかない。詩歌でチューリップが題材とされたのは、イランでは十世紀頃からであるが、詩歌では花の詳細までは分かりにくい。しかし幸いにしてオスマン帝国では、チューリップの流行に伴い十七世紀からチューリップの登録が義務づけられたので当時のチューリップの様子を多少知ることができる。新種のチューリップが作られると、栽培家の名前、そのチューリップの登録名称、花の色、花の特色、葉の特色、公定価格などが記録された。これらの文書類やチューリップに関する書物は貴重な資料である。

しかしながら、それらの中でチューリップを図解したものはほとんどない。そこで実際の花の形や色彩、葉の形態などを知るには、絵画や工芸品のモチーフとなったチューリップが有力な手がかりとなる。またこれも幸いな事にオスマン帝国の美術には、おびただしい数のチューリップのモチーフが残されている。それらのチューリップは文様としてアレンジされているので多少の様式化はあるが、文様絵師はチューリップを実によく観察し、特色を逃がさず写実的に表現しているので、現在では失われてしまったチューリップの姿を想像することができる。

## ◆トルコとイランのチューリップ

イスラーム世界のチューリップ文化に関して興味深いのは、イラン民族とトルコ民族はチューリップという同じ花を愛しんでいたにもかかわらず、それを芸術において表出する手段が異なっていたことである。

トルコ文化圏では、文学にチューリップが詠まれることも少なくなかったが、彼らが得意としたのは、美術においてチューリップの美しさやその真髄を表現することであった。絵画に描かれたチューリップは、その形や色合いだけでなく、チューリップの鑑賞法、チューリップ花壇の形式、装飾品としてのチューリップなど、この花の文化について広い情報を提供してくれる。

一方イラン文化圏では、チューリップの花は文学において十世紀頃から盛んに登場し、文学においてその美しさが称えられた。文学においてチューリップは、単に鑑賞花として詠まれただけではなく、顔立ち、頬、唇、若人の人体美としての比喩や美しい赤色の譬えとしても詩歌を飾った。その反面イランの美術において、チューリップが表現されることは極めて僅かであった。清らかな小川が流れ、木々が涼しげな陰をおとし、スミレ、ユリ、葵、バラ、芍薬が花開く庭園、イランの絵画には楽園をイメージした庭園が盛んに描かれ、様々な花がその美しさを競った。しかしチューリップがそこに描かれることはほとんどなかった。工芸品においてもチューリップの文様は少ない。イラン美術は、トルコ美術のようにチューリップ文化を明らかにはしてくれない。

イラン民族もトルコ民族もイスラームという同じ文化圏に属し、文化的交流も頻繁で、チューリップに対し同じように熱い思いを抱き、またチューリップから感得するイメージにも共通するところが多かったにもかかわらず、その花への思いを表出する手段が文学と美術というように異なる現象が生じたのは何故であろうか。謎は深い。

## 二、トルコ美術とチューリップ

### ◆トルコ人とチューリップの鑑賞

トルコ美術はチューリップが咲き誇る世界である。オスマン帝国の人々は花を好んだ。チューリップ、バラ、カーネーション、ヒヤシンス、スミレ、葵などは特に好まれた花々であったが、中でもチューリップは「トルコ人の花」と言われるほど愛され親しまれた。またこの花を観賞するスタイルもおのずと定まっていった。彼らが好んだチューリップ花壇は、糸杉やアーモンドの木の下にチューリップを数本植えた坪庭であった（図2）。十八世紀に西洋風の広大な庭園が造られるようになると、多少広いチューリップ花壇が造られ、花々の間にロウソクが置かれ、そこを散策するチュラーンと呼ばれるチューリップの夜宴が人気を得たが、坪庭風のチューリップ花壇も根強い支持を得ていた。

　チューリップは生け花として花器に生けられて鑑賞される習慣もあった（図3）。水あげに弱

2. 砂糖菓子で宮廷のチューリップの坪庭を再現した模型
細密画、部分、
『祝典の書』（画家レヴニー、1720-32年）より、
トプカプ宮殿美術館

3. スルタンの宴
細密画、部分、
「画冊」より、宮廷画派、1639年頃、
トプカプ宮殿美術館

く、花の首が垂れやすいことを考慮して、首の長いチューリップ専用の一輪挿しが考案された（図4）。十六世紀のイスタンブル市内（現在の旧市内）には約八〇軒の切花を商う生花店があったと言われている（図5）。宮廷人だけでなく、イスタンブルの町の人々がいかに花を好んで、生け花を楽しんだかが分かる。

若者たちはチューリップをアクセサリーとしても楽しんだ。男性はターバンに、女性は頭衣にチューリップを挿しておしゃれを楽しんだ（図6、7）。

もう一つのチューリップの鑑賞方法は美術工芸品にチューリップのモチーフを用い、それらをあたかも生花としてのチューリップを鑑賞するかのように愛しんだことである。美術工芸品におけるチューリップの鑑賞は宮廷人に限られたことではなかった。モスクのタイル（図8）、公共の水場の装飾なども様々なチューリップのモチーフ

5. 生花商のギルドの行進
細密画、部分、
『祝典の書』(宮廷画派、1582年頃）より、
トプカプ宮殿美術館

右頁：4. チューリップ用の一輪挿し
細密画、部分、
『チューリップ誌』(1725年頃）より、
個人蔵

上：6. チューリップで飾ったターバンを被る若者たち
細密画、部分、
「画冊」より、17世紀初期、
チェスタービーティー図書館、ダブリン
＊
下：7. チューリップを挿した若い女性の頭衣
細密画、部分、
「画冊」より、画家レヴニー、18世紀前半、
トプカプ宮殿美術館

上：8a. イズニク・タイル、
リュステム・パシャ・モスク、1561年、
イスタンブル
＊
下：8b. イズニク・タイル、
クルチュ・アリー・パシャ・モスク、1578-80年、
イスタンブル

で飾られ（図9）、一般の人々の目を楽しませた。

## ◆初期のチューリップ

今日まで伝わる作品の中で、チューリップであることが明確な作品は十三世紀頃から現れる。初期の作品の一つとして十三世紀中期にバグダードの北に位置するモスルで製作された『テリアカの書』の挿絵が挙げられる（図10）。当時のモスルはトルコ系アナトリア・セルジューク朝（一〇七七―一三〇二）の文化圏であった。この絵画も同王朝の絵画の様式を伝えている。支配者の背後に置かれた小さな机の上の花瓶には、三本の青紫色のチューリップが生けられている。その二本は花器の左右に垂れ下がり、水あげに弱いチューリップの特性が極めて写実的に表現されている。この書物は解毒に関する本であり、薬草の採集の場面なども描かれた。当時珍しかったチューリップをよく観察した作例と言える。青いチューリップを描いた作品はこの他にも少なくない。

## ◆メフメト二世とチューリップ

スルタン・メフメト二世（在位一四四四―四六、一四五一―八一）はビザンティン帝国の首都コンスタンティノープルを攻略し、ここをオスマン帝国の新たな首都イスタンブルにしたスルタンとして著名であるが、チューリップを好んだことでも知られている。当時の歴史家トゥルスン・ベイは、メフメト二世がトプカプ宮殿を建設するにあたり、その庭園にチューリップやバラを植えたことを著書の

9. 水汲み場の石彫浮彫り、
部分、18世紀、イスタンブル、
トプカプ宮殿美術館

10. 机上の青いチューリップ
細密画、部分、
『テリアカの書』(北イラク、13世紀中期) より、
ウィーン国立図書館

中で記している。

メフメト二世のチューリップへの思いは、庭園にとどまらなかった。チューリップを詩歌で詠み、チューリップの花を大胆に織り出した豪華なカフタン（外衣）を好んで身に着けた。その放射状にアレンジされた六つのチューリップの花は、下膨れで、花弁の先が細く尖って反っている。文様であるために多少の様式化はみられるが、チューリップの花の特色を失っていない（図11）。このような形のチューリップは十六世紀の美術にも多くの例があり、十五世紀以降人気があったチューリップの形態であった。

◆**イズニク陶器とチューリップ**

十六世紀に入るとチューリップは人々の生活に欠かせない花となる。セリム一世（在位一五一二

12. セリム一世の書斎の棚に置かれたチューリップの一輪挿し
細密画、部分、
『セリム帝記』（宮廷画派、16世紀前半）より、
トプカプ宮殿美術館

右頁：11. ベルベット地に金糸で織り出されたチューリップ文様
メフメト二世のカフタン（外衣）、15世紀、
トプカプ宮殿美術館

上：13. 写実的に描かれた
チューリップとカーネーション
イズニク・タイル、部分、
トプカプ宮殿 割礼の間、
16世紀末-17世紀初頭
＊
左：14. 円筒形の器体に巧みに
アレンジされたチューリップ
イズニク陶器、把手付杯、1575年頃、
グルベンキアン財団、リスボン

一二〇）の書斎を描いた細密画には、棚に置かれた一輪挿しに生けられたチューリップがみられる（図12）。

十六世紀にはアナトリア半島西部の町イズニクにおける宮廷直属の陶器工房が全盛期を迎えた。そこで製作されたイズニク陶器やタイルにデザインされたチューリップの花の種類は数知れない。陶器やタイルは、当時圧倒的な人気を博したチューリップの様子を描き出す格好の絵画の場であったと言える（図13）。陶器やタイルに描かれたチューリップの花々は、多少の図案化はあるものの、写実的に生き生きと表されている（図14）。

## ◆都市図のチューリップ

オスマン帝国に繁栄をもたらしたスレイマン一世（在位一五二〇―六六）は、東西に遠征を繰り返した。一五三三年から始まったイラン・イラク遠征に同行した画家ナスーフは、遠征軍が通過した町の正確な都市図を描いた『イラク・イラン遠征記』（一五三七／八）を著した。それらの都市図には建物や町の地形の他に周辺の自然環境、生息していた動物、植物なども詳細に描かれた。画家はチューリップの自生している場所を描くことも忘れなかった（図15）。ナスーフの地理・都市図が正確であることは歴史家達によって明らかにされており、環境や自然も当時の状況を正しく伝えるものと解釈できる。

15. スルターニイェの町におけるチューリップ
細密画、部分、
『イラク・イラン遠征記』（画家ナスーフ、1537/8年）より、
イスタンブル大学図書館

### ◆トプカプ宮殿とチューリップ

東洋と西洋の接点であるイスタンブルに、一四七八年に完成したトプカプ宮殿は、一八五五年までほぼ四世紀にわたり、オスマン帝国の行政や文化の中心として栄えた。

国の長であったスルタンは、宮殿や離宮にチューリップを植え、鑑賞するばかりでなく、宮殿を飾る美術工芸品の文様に溢れるばかりのチューリップの文様を施した。トプカプ宮殿は、まさしくチューリップの殿堂ともいえる。今日、昔のチューリップの花そのものを庭園に見ることはできないが、トプカプ宮殿の建築装飾や宮殿に伝わる美術工芸品は、かつてのチューリップの姿、チューリップ庭園の様子などを私達に伝えてくれる。

### ◇ハレムとチューリップ

スルタンが后、皇子、皇女、母后そして官女たちに囲まれてプライベートな時を過ごしたハレムは、美しいタイルの壁面に覆われているが、そのタイル壁面は実際に宮廷の庭園に咲き誇るチューリップを写したものが多い。

糸杉の下にヒヤシンスと共に整然と植えられたチューリップの坪庭（図16）、満開のアーモンドの下にバラやカーネーションと共に花を開いた新種のチューリップ（図17）。オスマン朝の宮廷人が好んだ清楚な噴水を飾るチューリップ（図18）。花瓶に整然と生けられたチューリップ（図13を参照）。バラ、

18. 噴水のある庭園とチューリップ
イズニク・タイル、トプカプ宮殿 ハレム、
16世紀後半-17世紀初頭

右頁上：16. 糸杉の下に植えられたチューリップ
イズニク・タイル、
トプカプ宮殿 ハレム、16世紀後半
*
右頁下：17. 写実的なチューリップ
イズニク・タイル、
トプカプ宮殿 ハレム、16世紀後半

19. 大きなタイル・パネルの中心部に描かれたブーケ
イズニク・タイル、
トプカプ宮殿 ハレム、16世紀中期

カーネーション、チューリップなどが息を呑むほど見事に巧みに組み合わされたブーケ（図19）等々。ハレムのタイルだけ見てもチューリップの作例は枚挙にいとまがない。当時の宮廷のチューリップ文化をさながらに見る思いである。

オスマン帝国での美術創作は、宮廷で使用されるものに関しては、宮廷敷地内に設置された工房で行われた。オスマン帝国はイスラーム世界の美術の伝統に従い、美術工芸に文様を用いることが非常に多かったので、絵画工房には文様を考案し、下絵を描く文様絵師が多く所属していた。彼らはスルタンを始め、人々が熱狂したチューリップの花のデザインに関しては特に力を入れ、独創的な作品が多く誕生した。

### ◇チューリップの画家

宮廷の文様絵師の中で、スレイマン一世の時代に絵画工房長の地位にあったカラメミは、その優雅で斬新な草花のデザイナーとして名を馳せた。彼が考案したチューリップのデザインは、十六世紀のチューリップの様式を代表するばかりでなく、後世のチューリップ・デザインに強い影響を与えた。彼のチューリップが人気を博したのは、実際のチューリップの美しさを忠実に伝える写実的描写と、文様としてのデザイン化された形態が巧みに融合した美しさにあると言えよう。カラメミの作品であるスレイマン一世の詩集のチューリップは一見したところ写実的な形態であるが、よく見ると同じ株

20. カラメミのチューリップ
細密画、部分、
『スレイマン一世の詩集』（16世紀中期）より、
イスタンブル大学図書館

に青、赤、赤と黄の三種のチューリップが描かれ、カーネーションや他の野草も花をつけるなど、全体としては空想的なデザインである（図20）。

前出のトプカプ宮殿ハレムのタイルに描かれたブーケの文様は、作者は明確でないが、カラメミ様式の草花デザインの典型的な作例であり、そしてもっとも美しい作例の一つである（図19）。花束の楕円形の背景は紺地で、鋸歯のある沢山の葉が赤いリボンで繋げられてできている。中央には様々な葉からザクロ形に構成された大きな薬玉《くすだま》のような人工花が置かれ、その周囲にチューリップ、カーネーション、ヒヤシンス、バラ、ユリ、などが左右対称に描かれている。個々の花々は極めて写実的である。ただ花束の構成方法、中央の人工花、背景などが現実離れした幻想的な雰囲気をかもし出す。またカーネーションの上に小さな赤雲が飛んでいるのも面白い。雲はやはり当時大変人気があったモチーフの一つである。

## ◇スルタンの衣装とチューリップ

スルタンが着用した衣装の図柄にもチューリップのデザインは非常に多い。先に挙げたメフメト二世のカフタンはその一例である。

十六世紀後半に文芸の興隆に貢献したムラト三世（在位一五七四―九五）のカフタンにはチューリップが見事にデザインされた二つの作例がある。その一つでは、立涌状にチューリップがベルベット

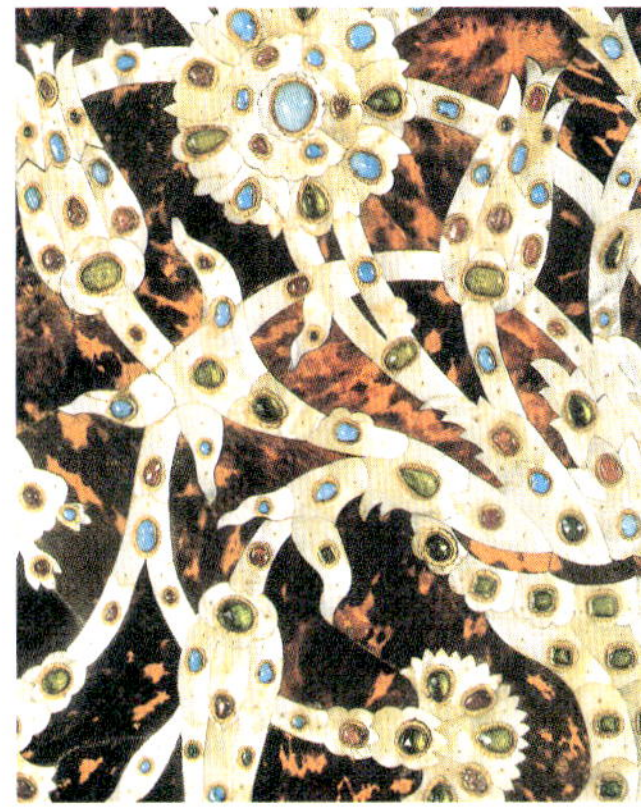

23. 鼈甲の地にチューリップなどの
草花文様を象嵌した螺鈿（らでん）細工
アフメト一世の玉座（上図は部分）、
象嵌師メフメト・アー、17世紀、
トプカプ宮殿美術館

右頁上：21. 銀糸の地に深紅のベルベットで
織り出されたチューリップ

＊

右頁下：22. チューリップと三日月のモチー
フがアップリケされたカフタン

（2点とも）ムラト三世のカフタン、16世紀、
トプカプ宮殿美術館

の地に大胆に織り出されている（図21）。もう一つのカフタンでは、チューリップと三日月がやはり大胆にアップリケされている（図22）。三日月はオスマン帝国のシンボルでもあった。

これらの他にもチューリップをあしらったカフタンは非常に多い。

## ◇玉座とチューリップ

刺繡、絨毯、石彫、木彫、象嵌細工などの工芸品にもチューリップは登場する。

スルタン・アフメト一世（一六〇三―一七）の玉座は鼈甲が貼られ、その上にチューリップ、カーネーションなどの蔓草文様が満遍なく貝殻で象嵌され、さらにトルコ石、ルビー、エメラルドなどが散りばめられた象嵌細工の傑作の一つである（図23）。この作品の象嵌師メフメト・アーはスルタン・アフメト・モスク（通称ブルー・モスク）の建築家でもある。玉座の背もたれの部分に表現されたチューリップはハレムのタイルに見られた十六世紀のチューリップと共通点が多い。

## ◇花の形の変化

十五世紀から十七世紀に人気のあった花の形は、小ぶりで、花の下部が多少の膨らみをみせ、花びらの先は細く尖って外側に反りのあるタイプであった。

しかし十八世紀に入るとチューリップの形は急激にかつ著しく変化した。花の下部の膨らみはおさえられ、花びらは細長くなり、更に花びらの先が針のように細く尖った形が流行した。また花びらがきつく巻きついた形も特色の一つである（図24）。

この時代の製陶産業は低下していたが、絵画には当時のチューリップが盛んに描かれた（図25）。アフメト三世（一七〇三―三〇）はチューリップをこよなく愛したスルタンとして名高いが、彼がハレムに作らせた食堂のパネルには当時流行したチューリップの様々な種類が描かれている（図26）。

建築装飾から美術工芸品、衣装に至るまでトプカプ宮殿はチューリップの花々で埋め尽くされていたといっても過言ではない。

## 三、チューリップの故郷

### ◆自生のチューリップ

長い年月を経て原種が少なくなり、また伝統的なチューリップ栽培が途絶えてしまったイスラーム世界では、昔のチューリップの様子を知ることは難しい。

しかし詩人たちが残したチューリップに関する描写や昔の旅行記などは、野生のチューリップがどのような環境で花開いていたか、いつ頃から園芸花として栽培されるようになったかなどを、おぼろげながら知らせてくれる。

上：24. 18世紀に流行した細身のチューリップ
細密画、『チューリップ誌』（1725年頃）より、個人蔵
＊
下：25. チューリップを手にしたイランの若者
細密画、部分、「画冊」より、画家レヴニー、
18世紀前半、トプカプ宮殿美術館

（2点とも）26. 18世紀に流行していたチューリップ
パネル画、部分、
トプカプ宮殿 アフメト三世の果実の間、
18世紀前半

チューリップは、イランの文学において十世紀頃から盛んに登場するようになるが、十二世紀頃までの詩歌に登場するチューリップは山岳地帯、荒野、平地などに自生するチューリップが多い。

イランの不朽の名作とも言える英雄叙事詩『王書』の編纂著者として知られているフェルドウスィー（九三四―一〇二五）は厳しい寒さがゆるんだ山岳地帯に花開いた早春のチューリップを次のように詠った。

雲の頂の涙が露となった時、
すべての山々や平地はチューリップで一杯になる

マヌーチェフリー（一〇四〇没）は、早春に咲くスミレとともに荒野で咲きほこるチューリップを詠った。

すべての山々や荒野はチューリップとスミレで
機に織られた錦のように赤や白になった

一九八八年にテヘラン大学教授A・ガフレマンによって編纂された大著『イランの花』には、現在イランに自生する一一種のチューリップが記録されている。データはそれらの生息地域として、山岳地、丘陵地帯、渓谷などの名称をあげている。チューリップの自生する環境として山岳地帯、荒野が適していることは現在でも変わらないようである。

ティームール朝支配者のバーブルが首都のサマルカンドを去り、インドでムガル王朝を建設するまでの記録である『バーブル・ナーマ』には、十五世紀末から十六世紀初期の中央アジアの地誌に関する記述も多い。近年、間野英二教授によってこの著書の精密な校訂・訳本が出版されたが（間野英二著『バーブル・ナーマの研究』I–III、一九九五–九八、松香堂）、野生・栽培いずれものチューリップの記述が見られるのは興味深い。イスラーム暦九一〇年（西暦一五〇四年六月十四日–一五〇五年六月三日）の記録のなかで、バーブルはヒンドゥー・クシュ山麓の地誌について述べているが、そこには以下のようなチューリップに関する記述がある。

> この山麓に、色とりどりの、あらゆる種類のチューリップがある。私は一度、その種類を数えさせた。三二–三三種の別々のチューリップが算出された。またかすかな紅バラの香りをたちのぼらせる一種のチューリップがあった。私たちは「バラの香りのチューリップ」と呼んでいた。この種のチューリップはダシュティ・シャイフの一角に産し、別の所では産しない。また同じ山麓の、パルワーンよりやや下で百葉チューリップを産する。これも、ゴールバンドの谷の出口の所のある一角に産する。

また二年後のイスラーム暦九一一年（西暦一五〇六年五月二十四日–一五〇七年五月十二日）の記述では、カーブル北方にあるバーラーン、チャーシュトゥーバ、グル・バハール山麓の見物に出かけた際、三四種のチューリップを数えている。バーブルが種類を数えさせたこれらのチューリップは山岳地帯の原生種であったと考えられる。

オスマン帝国が支配したアナトリア半島とその周辺も、イランや中央アジア同様チューリップの故郷として知られている。オスマン帝国では十六世紀以降チューリップの園芸種の開発が非常に盛んになったが、チューリップの原生する光景も記録に留められている。

ヨーロッパにチューリップを紹介したことで知られているオーストリア皇帝の使節O・G・ブスベックは、一五五四年にエディルネからイスタンブルに向かう街道で、チューリップの花を初めて見た時の様子を書簡のなかで以下のように記している。

既にイスタンブルに近づいていた。そこを通った時、いたるところで水仙、ヒヤシンスそしてチューリップなどの沢山の花に出会った。真冬であったのにそれらの花が咲いていたのを見て私達は驚いた。何故なら花には決して適切な季節ではないのだから。……チューリップの香りは極めて僅かであるか、あるいはまったく香りがない。しかしその美しさと色彩の豊富なことは見る者を魅了する。

ブスベックの記述からは、それらが栽培種か、野生種かは判断できないが、水仙もヒヤシンスもアナトリア半島やその周辺には原生していた花であり、彼が見た花々が野生であった可能性は十分考えられる。

またブスベックの記述で興味深いのは、それらの花が冬に開花していたことである。近年ブスベックの書簡が再研究され、それが帰国後一五八〇年代初期に著されたこと、また、その書簡が二度目の一五五八年の春に行った旅であるという新説が出ている。しかし、野生のチューリップには冬季、早春などまだ寒さが厳しい頃に咲くものが少なくなかったようである。先に挙げたフェルドウスィーの詩にも「雲の頂が露になる」という早春を意味する表現が見られたが、彼は別の詩のなかで、チューリップはイラン暦の九月、十月、十一月そして一月（西暦の十一月―四月）に咲くことを詠んでいる。

とはいえ、野生のチューリップの中にも温暖な気候を好んだものもあり、十七世紀のイスタンブルの人々の間では、クレタ島の山地に咲く八重の白色のチューリップが大変な人気を得ていた記録が残されている。

地形・地質・気候などに応じて実に様々な自生のチューリップが存在していたようである。

## ◆園芸種のチューリップ

チューリップがいつ頃から園芸植物として栽培し始められたか明確な年代を知ることは難しい。

ペルシア語でチューリップはラーレと言われる。イランの詩人たちは、チューリップすなわちラーレが自然に群生するところを古くはラーレ・ザールと呼んだ。しかし時代が下るとラーレ・ザールは庭園のチューリップ花壇を意味するようになった。

この意味の変化を正確に追うことは難しいが、十五世紀中頃にメフメト二世が詠んだ以下の詩ではラーレ・ザールがチューリップ花壇という意味で用いられている。

酒注ぎの者よ、さあ酒を注げ、

チューリップ花壇（ラーレ・ザール）は一瞬の内に盛りを過ぎてしまうのだから。

春が去り、秋が来てしまうではないか。

当時のオスマン帝国は、隣国で全盛期を迎えていたティームール朝の文化から強い影響を受けた。ラーレ・ザールという言葉もラーレと同様にペルシア語からの借用語である。十五世紀中頃にオスマン帝国でチューリップ花壇としてのラーレ・ザールという言葉が定着していたということは、イランにおいては更に以前からラーレ・ザールがチューリップ花壇という意味で用いられていたことを意味するであろう。またチューリップ花壇が造られていたことは、園芸種のチューリップの栽培が行われていたことも示していよう。ハレムの前庭におけるチューリップ花壇にはいくつかの種類があるが、十七世紀初頭の絵画は、部屋の前庭のチューリップ花壇の一例を示している（図27）。

先に挙げたバーブルのイスラーム暦八九九年（西暦一四九三年十月十二日—一四九四年十月一日）の記録にはフェルガーナ地方のほぼ中央にあり、その首都でもあったアンディジャーンにある庭園に関して次のように述べている。

アンディジャーン川はオシュの街中を過ぎてアンディジャーンの方へ流れる。この川の両岸には庭園がある。すべての庭園は川を見おろす位置にある。すみれがきわめて美しい。いくつもの流水がある。春はとてもすばらしい。沢山のチューリップやバラが花開く。

この記述ではラーレ・ザールという言葉は用いられておらず、一般に庭を指すバーグという言葉が用いられている。しかし十五世紀末にはチューリップがバラなどと共に庭園に栽培されていたことを明らかにしている。

## 四、チューリップの品種改良

**◆品種改良の先駆者**

十五世紀以降、チューリップの栽培が盛んになると、園芸種

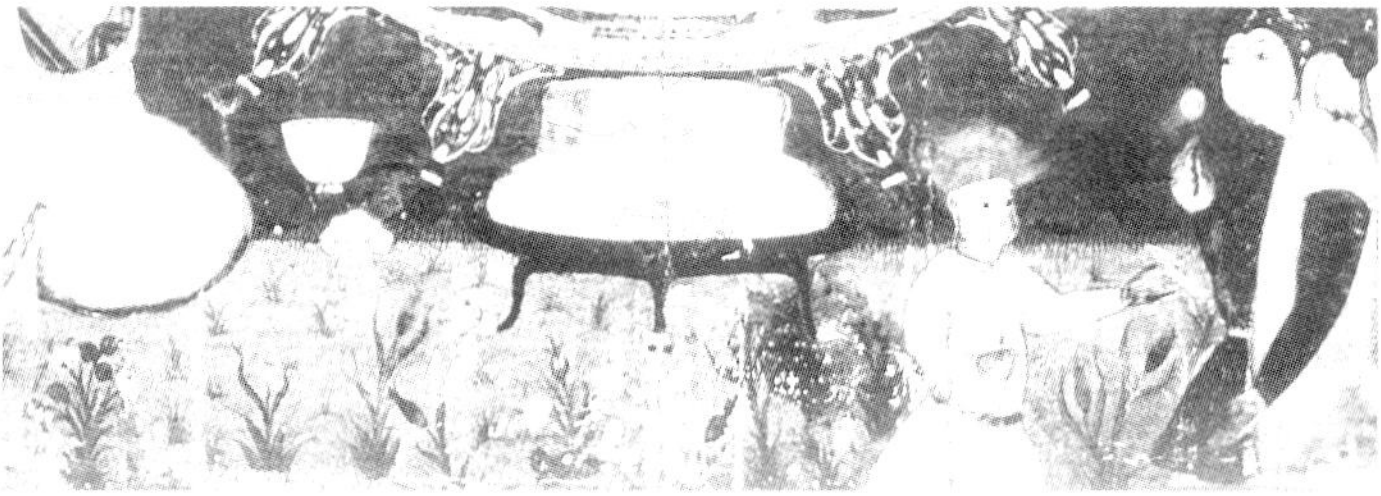

27. トプカプ宮殿美術館のラーレ・ザール（チューリップ花壇）の例（図3の下部分）

の品種改良も進んだ。イスラーム世界の中でも、特にオスマン帝国では品種改良が盛んであった。園芸種の開発は、当時知識人階層であった宗教関係者や政府要人から始まった。

十八世紀にチューリップに関する著書を記したメフメト・アシュキーやメフメト・ビン・アフメトは、イスタンブルにおいてチューリップの品種改良を初めて手がけたのがシェイフルイスラーム（イスラーム長官）の地位にあったエブッスウード（一五七四年没）であること、そして彼がアナトリア半島西部のボルから送られたチューリップの球根を庭に栽培して品種改良を試みたこと、そして交配によってできた新種のチューリップが「ヌーリ　アデン」（楽園の光）と名づけられたことなどを記している。

トルコからヨーロッパに紹介されたチューリップは、既に十六世紀末には逆輸入され、イスタンブルでの品種改良のために用いられている。

エブッスウードに継ぐチューリップ栽培家として知られているヴスーリー・メフメド・エフェンディ（一五八三没）は、「恵みの光」という名のチューリップを育てたが、ヨーロッパから取り寄せたチューリップをもとに栽培したと言われている。

## ◆ヨーロッパから逆輸入されたチューリップ

イスラーム世界からヨーロッパへのチューリップの伝播の正確な年代や種類は明らかではないが、

先に挙げたオーストリア皇帝の大使ブスベックの持ち帰ったものも古いとされている。知人で植物学者のC・クルシウスがそれを譲り受け、ヨーロッパでのチューリップ栽培や品種改良が盛んになったと言われている。しかしクルシウス以外にもドイツ人のC・ゲスナーやイギリス人のR・ハクルイットなども、一五六〇―八〇年代にかけてチューリップの栽培や品種改良に関心を寄せていた。

またブスベックよりも早くにイスタンブルでチューリップに注目した人物も知られている。それは医師として一五四六年に近東諸国を調査していたP・ベロンであった。イスタンブル滞在中の日記の中で、彼はチューリップを「赤いユリ」と呼び、多くの外国人がその球根を入手するために船でイスタンブルにやって来たことを記録している。

このように人々のチューリップに対する関心の高さ、そしてトルコとヨーロッパの頻繁な人々の往来などを考え合わせると、十六世紀後半にヨーロッパで品種改良されたチューリップが同時期にトルコに逆輸入されても不思議はないであろう。

十七世紀はイスラーム世界においても、ヨーロッパにおいてもチューリップ栽培が益々盛んになり、この花に対する関心が熱狂的な様相を呈するようになった時代であった。

## ◆イラン・チューリップの伝来

オスマン帝国のチューリップ愛好家は、イランのチューリップにも注目していた。スルタン・ムラト四世（在位一六二三―四〇）が行ったバグダード遠征（一六三八）に随行していた歴史家コジャ・ハサン・エッフェンディは、チューリップ好きのこのスルタンのためにイランから七種の色とりどりのチューリップを持ち帰った。それらは「チューリップ時代」（一七一八―三〇）に特に人気があった七色のチューリップのもとになったと言われている。

## ◆チューリップ栽培の全盛期

十七世紀後半になると、オスマン帝国の支配者層の人々は、少しずつヨーロッパ文化にも関心を払うようになった。ヨーロッパのチューリップに関しても、その異国的雰囲気が彼らの注目を集めたようである。そのような状況を背景に、オーストリア大使であったS・フォン・シュワルツェンホルンは、一六五一年チューリップ愛好家として知られていたメフメト四世（在位一六四八―八七）に一〇種四〇個のチューリップを献納している。メフメト四世は、イスタンブル近郊のエイユプでチューリップ栽培家として名高かった宗教指導者イマーム・ハジ・ヴェリのもとに自ら出向くほどチューリップに情熱を傾けていた。訪問の際に、スルタンはハジ・ヴェリに「父」という尊称をもって呼びかけたと伝えられている。

また同スルタンの大宰相で、一六八三年の第二次ウィーン包囲の指揮官として著名なカラ・ムスタファ・パシャもチューリップに関しては君主に遜色がなかった。彼は、一〇〇種に近いチューリップを作り出したことで名を知られていた栽培家メフメト・エッフェンディの庭園を自ら訪れ、説得のすえ、やっと一本のチューリップを分けてもらったと伝えられている。カラ・ムスタファ・パシャがその一本のチューリップと引き換えに支払ったのは金貨四〇枚と、その価値が計り知れないほどの高価な贈答品であったと言う。

十八世紀にはいるとオスマン帝国におけるチューリップ・ブームは収まるどころか益々熱狂的になっていった。

## ◆チューリップ時代

スルタン・アフメト三世（在位一七〇三―三〇）とその大宰相ネヴシェヒルリ・イブラヒーム・パシャは、チューリップの花の愛好家として、後世に語り継がれた。宮殿や離宮はもとより、民家に至るまで、春になるとイスタンブルの町はチューリップの花に満ち溢れ、チューリップの宴が宮廷や離宮で華やかに繰り広げられた。詩人たちは詩歌において花の美しさを競い合った。

近代の詩人ヤフヤ・ケマル（一八八四―一九五九）や歴史家アフメト・レフィク（一八八〇―一九三七）は、イブラーヒム・パシャが大宰相に任命された一七一八年から、一七三〇年にパトロナ・ハリールの反乱によってこの政権が倒れるまでの狂気じみたチューリップ全盛期を「チューリップ時代」（ラーレ・デヴリ）と呼んだ。

28. 「ザクロ赤の槍」と命名されたチューリップ
細密画、『チューリップ誌』（1725年頃）より、
個人蔵

大宰相ネヴシェヒルリ・イブラーヒム・パシャは自から六種の品種を作ったと言われる。栽培家が新種を作ると、そのチューリップには名前が付けら登録されたが、イブラヒーム・パシャはチューリップに詩的な美しい名前を考案することにも喜びを感じていた。また比類なき美しさと気品を備え、「皇帝の冠」と名づけられたチューリップの球根が何者かによって盗まれた時に、大宰相はイスタンブルの家々を一軒一軒隈なく捜させるほどの執念を見せた。彼のチューリップ好きは家族にも及び、娘婿でオスマン海軍の提督の位にあったムスタファ・パシャは四四種もの新種を作り上げたことで知られている。チューリップの狂気じみたブームがさめやらぬ一七五〇年に登録されていたチューリップは一五八六種に及んだと言われている。

十七世紀にチューリップの品種改良、栽培、取引が盛んになると、花の権利や価格などに関する問題が生じるようになった。そこで草花審議会が設置され、新種の創作者名、花の名前、花や葉などの形態や色などが登録された。しかし、次第に球根をめぐって法外な値段での売買が横行するようになると登録と共にチューリップ一種ごとに公定価格が定められた。

チューリップ時代、一七二六年の公定価格の記録で、もっとも高い価格がつけられたチューリップは五〇クルシュであった。それは現在のトルコ共和国金貨に換算すると七・五枚にあたると言う。そのチューリップは「ザクロ赤の槍」と命名されたもので、ヴェファアール・メフメト・ベイが一七一七年に作り上げた品種であった。その花の形態は細身で、膨らみが控えめであり、花びらは中ほどから針のように細くなっていた。その赤色はザクロの種のような透明感のある赤であった（図28）。

## 五、チューリップという名称

### ◆ラーレ＝赤＝チューリップ

チューリップの故郷であるイランやトルコの文化圏で、チューリップはラーレという語で表される。ラーレは、七世紀半ばから今日に至る近世ペルシア語では、紅玉石あるいは赤色の宝石を表すラアル（la'l）を語源とし、音声的変化が起こってラーレとなったと言われる。初めは赤い花を一般的に表していたが、次第にチューリップを指すようになった。

### ◆ラーレのトルコ語への定着

トルコ語のラーレは、ペルシア語からの借用語であるが、いつ頃からこの言葉がトルコ語の中に定着したかを知ることは難しい。トルコ民族は十世紀から十二世紀にかけて中央アジアから南下し、イラン、さらにアナトリア半島へと民族移動したが、その間にイスラーム文化やイラン文化を吸収していった。ラーレというペルシア語もその間にトルコ語に定着したのであろう。

## ◆チューリップの語源

チューリップという名称に関して興味深いのは、ヨーロッパ諸言語のこの花の名称の語源である。ブスベックよりも年代的には早くにイスタンブルでチューリップの花に注目していたベロンは、この花を「赤いユリ」（Lils rouges）と呼んでいた。

先に挙げたブスベックの書簡の中でチューリップの花に対して tulipan（トゥリパン）という語が用いられている。

ブスベックは、通訳がチューリップの花を説明する際に用いたターバン（トルコ語で dülbend ドゥルベンドまたは tülbent トゥルベント）という語に基づいて tulipan という語をこの花の名称にしたのではないかと言われている。

オスマン帝国の軍隊では、赤い頭衣を被った兵士のグループをチューリップ花壇にたとえる習慣があったことからしても、ブスベックがチューリップの形や色に似た頭衣 tülbent という言葉を異国の花の名称に当てたことは十分考えられる。tulipan が、tülbent を語源とした名称である可能性は高いと言えよう。

しかし、ブスベックが滞在した十六世紀中期、オスマン帝国ではチューリップの栽培や品種改良が盛んな時代であり、また美術工芸品のモチーフとしてもチューリップが一世を風靡していた時代であった。したがって、チューリップを表すラーレという語も広く知られていたはずであり、ブスベックの通訳が何故この花の名称のラーレを用いなかったかは謎である。

## 六、チューリップの象徴性

### ◆人体美の比喩

イラン民族やトルコ民族がチューリップに寄せた特別の思いや感情が何に起因しているかを明らかにすることは難しい。

しかしオスマン帝国における十六世紀から十八世紀の常軌を逸したともいえるチューリップへの陶酔に対し、後世の研究者たちは、何とかその理由を明らかにしようと様々な観点からの考察を試みた。ここではそれらのいくつかを紹介したい。

イランあるいはトルコの文学作品には幾つかのチューリップに関する共通のイメージがある。ラーレの赤い色には、愛しい人の唇の色、恋人たちの紅色の頬、紅色の若々しい顔色というような様々な比喩がある。チューリップの柔らかく膨らみのある小ぶりな花の形は、若人の初々しい丸みをおびた顔の形を感じさせた。またチューリップの開花期の短さは、若人たちの一瞬のうちに消え去ってしまう初々しさやみずみずしさを暗示した。

## ◆春の到来の喜び

また花の中でも早春に開花するチューリップは、春の訪れのしるしでもあった。特に自生のチューリップが鑑賞された時代は、チューリップの開花は荒野や山地が春に入ったことの歓びを表した。

## ◆呪術的意味

一方で、チューリップには幾つかの呪術的な象徴性があったことも知られている。

その第一は、ラーレという語の綴りに用いられているアラビア文字の配列を変えると、イスラームにおける唯一にして絶対的なる神＝アッラーの綴りになることである。先に挙げたメフメト・アシュキーは、ラーレという語に附せられた神的威厳を次のような詩を引用して明らかにしている。

　ラーレが威厳ある名前をもつ栄誉を得なかったなら、
　それ自身の美しさだけでは、
　神々しい名誉を得ることはなかったであろう。

第二は、アラビア文字で綴られたラーレを逆さから読むと、ヒラールすなわちオスマン帝国の象徴であった三日月という語になる。

第三はアラビア文字に定められた数値でラーレを計算すると合計六六になる。六六という数は、イスラーム神秘主義に基づく民間信仰では特別の意味を有する数とされている。

バラの花は、預言者ムハンマドの香りを象徴するが、チューリップにはそのような宗教的な象徴性が公然と与えられたことはなかった。しかしオスマン帝国では、チューリップの栽培や品種改良には、その初期から宗教関係者が多かった。宗教関係者はイスラーム社会では知識層に属し、植物や科学の知識を備えていたのでチューリップの栽培に携わったのは自然の成り行きかも知れないが、チューリップの栽培で知られていた宗教施設が多かったことも事実である。

また十六世紀に行われた祭典で、神秘主義教団の人々が大きな紙製のチューリップを掲げて行進したことなどを考えると（図29）、チューリップの神秘的、呪術的象徴性を人々が意識していたことも否定できない。

29. 神秘主義教団の行進で掲げられた糸杉より大きな紙製のチューリップ
細密画、部分（切抜き）、
『祝典の書』（宮廷画派、1582年頃）より、
トプカプ宮殿美術館

# 七、むすび

チューリップは十世紀頃からはイラン文学で、十六世紀にはオスマン帝国の美術のモチーフとして、また十七世紀・十八世紀には、品種改良や栽培において、イランやトルコの人々の心を捉えて離さなかった。しかし十九世紀後半にオスマン帝国を始め、イスラーム世界の勢力がヨーロッパの近代社会の流れに組み込まれ、諸王朝が弱体化すると、チューリップへの関心も次第に薄れ始めた。

オスマン帝国では、末期に至るまでチューリップ栽培が行われ、庶民の栽培家も多くなり、女性の栽培家として名を残した人々も少なくなかった。しかし一九二三年にオスマン帝国に代わってトルコ共和国が成立してからは伝統的なトルコのチューリップの品種は急激に少なくなり、ヨーロッパから輸入されたヨーロッパ種のチューリップが一般的となった。

近年伝統的なトルコのチューリップ種の復活も試みられているが、かつて二、〇〇〇種に近いチューリップを誇った伝統の復活にはまだ程遠い。

しかし、ラーレに対しての伝統的な感情、親近感などは依然人々の心の中に生きている。

現在の造形においても、チューリップは好んで用いられるモチーフである。織物や染色品、刺繍、タイルや陶器、カード、商標、包装紙などいたるところにチューリップのデザインを目にする。それらのほとんどが、十六世紀から十八世紀に人気があった細身の伝統的なトルコのチューリップの形態であるのは興味深い。

伝統的なチューリップへのこだわりは造形に現れるだけではない。ラーレという名称は女性の名前として相変わらず好まれている。またラーレという語はまだ人々に特別な感情を起こさせるらしく、カフェ、レストラン、洋品店など店舗の名称などとして依然人気がある。

かつてのチューリップは、実際にはほとんど存在しなくなってしまったが、その花への思いは人々の心の中にまだ生き続けていると言えよう。

◎**主な参考文献**

ヤマンラール水野美奈子「イスラーム世界におけるラーレ（チューリップ）文化の展開」『慶應義塾大学言語文化研究所紀要』第25号、一九九三、一〇一－一二〇頁

T・バイトプ『イスタンブール・チューリップ』ヤマンラール水野美奈子訳、一九九六、砺波市チューリップ四季彩館

Ed.by M.Roding et al., *The Tulip: a Symbol of two Nations*, Utrecht / Istanbul, 1993

# 天上の甘露を享ける花

## ——十七世紀オランダに咲いたチューリップの肖像

小林　頼子

# 第一章「シャロンのバラ」

一六三六年から三七年にかけて、おびただしい数のチューリップにまつわる小冊子がオランダに出回った。[1]そのなかの一つ、ザカリアス・コルネーリスゾーン作の冊子に次のような一節がある。

「……私たち花は欺瞞と陰謀とは縁なきもの。
私たちは慈悲深く分かち、与える、
かの谷に咲くシャロンの美しき花の徴《しるし》を身に帯びて……」

語り手は「花たち」、その言葉に耳を傾けるのは花の女神「フローラ」である。そして「シャロンの美しき花」の部分には、「キリストが雅歌の二章一節に言うシャロンに咲く花とは、まさしくチューリップにほかならない。それは、心の園に好んで植えられる花、他の植物すべての教えの源、手掛かりと見なされる花である」、という著者自身による注が添えられている。[2]

「雅歌」とは、若者と乙女の相聞歌からなる旧約聖書中の一書である。その二章一節で乙女は「私はシャロンに咲く一輪のバラ、一輪の谷間のユリ」と詠う。[3]先に挙げた小冊子の作者は、そのシャロンのバラをチューリップだと言い、花の中でも格別に意味のある花だと強調しているのである。もしかしたら、彼は、谷間のユリ、さらには、乙女に応える若者の言葉、「乙女たちの中にいる私の恋人は／茨のなかに咲きいでたユリの花」（二章二節）に出てくる茨の中のユリをもチューリップと考えていたかもしれない。十七世紀のイギリスのことではあるが、聖書に言及されるユリをチューリップと指摘した例があるからだ。[4] とすれば、「山上の説教」（マタイ伝六章二八節）で引き合いに出される、着飾ることのない「野のユリ」もまたチューリップかもしれぬ、という魅力的な連想が沸いてくる。[5]

紺碧の地中海を望む平原に咲くチューリップ。

茨のなかから顔をのぞかせるチューリップ。

「シャロンのバラ」も「茨のなかに咲きいでたユリの花」も、長らくマリアの象徴と見なされてきた花である。それだけに、誰もが清楚きわまりない花という印象を抱いているはずだ。それが中東の平原に咲くチューリップだというのだ。マリアのイメージまで改めねばならぬような気になってくるのは私一人であろうか。

チューリップは、象徴思考のただなかにあったキリスト教中世を通じて、美術作品にほとんど姿を見せない。スミレ、ユリ、バラ、スズラン、オダマキを筆頭とする花の象徴王国にチューリップの占める場所はない。[6] とはいえ、聖書でユリと呼ばれている花をチューリップと見なす根拠がないわけではない。花弁の先がとんがり、外側に反り気味に咲く原生種のチューリップ（本書三〇頁・シュレンキー種の写真参照）は、小ぶりのユリといわれれば納得しそうな姿をしているからである。現に、旅行家であり植物採集家でもあった十六世紀のフランス人ピエール・ベロンはトルコの地で「赤いユリ」が殊のほか好まれていると書いているが、[7]その花は実際にはチューリップだったとの指摘がある。[8]つまり「ユリ」とチューリップとは必ずしも厳密に区別されていなかった可能性があるのだ。チューリップは、元来、北緯四〇度前後の地域に原生する植物である。植生的にいっても、北緯三五度付近に位置するシャロンの野にチューリップが咲いていたとしても決しておかしくはない。

シャロンのバラ、野のユリが、実のところ、どの花だったのか、興味は尽きないが、残念ながら私には、この問いに答えを出せるだけの聖書の学識も植物学の蓄積もない。[9]しかし、かの小冊子の作者であるオランダ人がなぜ、ほかでもない、雅歌の花とチューリップを結び付けようとしたのか、そのヒントの一つはヨーロッパ人、とりわけオランダ人とチューリップとのかかわりのうちに読み解くことができるように思う。

そのヒントを求めて、以下、ヨーロッパのチューリップのルーツ、生い立ち、肖像を探索してみることにしたい。

# 第二章　東から西へ

## ◆東方伝来のチューリップ

干拓地の真ん中に立つ風車の前で、木靴をはき、手にチューリップを持ってポーズする民族衣装のオランダ娘。オランダの砂丘を色鮮やかに染め上げる赤、黄、白のチューリップの群生。そんな観光写真を誰もがどこかで一度は見たことがあるのではないか。だから、チューリップからオランダを連想する人は多いに違いない。しかし、実のところ、オランダとチューリップはたかだか四〇〇年強の、比較的短い付き合いにすぎない。先にも触れたように、チューリップは、元来、北緯四〇度一帯に自生する花である。とりわけトルコの地で早くから愛されてきたが、ヨーロッパの地に渡ってきて人々の関心を引くのはようやく一五〇〇年代半ば頃のことなのである。

長らく、そのきっかけをつくったのは神聖ローマ帝国の駐トルコ大使オジエ・ジラン・ドゥ・ブスベック（一五二二―九二）だと考えられてきた。彼は、赴任地であるコンスタンティノープル（現在のイスタンブル）近郊でスイセンやヒヤシンスとともに咲くチューリップの花を目にし、やがてその種と球根をウィーンに持ち帰った、ヨーロッパとチューリップの出会いはそれ以来のことだ、というのだ。問題は、それが一体いつだったのか、ということだ。ブスベック自身は、それは最初にコンスタンティノープルに赴いた一五五四年十二月のことだったとしているが、最近では、一五五八年春を遡ることはなかったであろうと言われている。[10]

そもそも、冬の最中に、スイセン、ヒヤシンス、そしてチューリップが「一面に咲いていた」はずがあろうか。東西の交渉が頻繁な時代に、ただ一人の人物にチューリップの西洋世界への旅立ちを帰するのも少々無理な気がする。記録には残っていないが、人知れずチューリップをヨーロッパに持ち帰った者もいたことだろう。だから今では、チューリップは、記録に頻繁に言及されるようになる十六世紀半ば前後に複数の経路で東方から西方へもたらされ、ヨーロッパ各地で栽培されるようになった、と考えられるようになってきた。

## ◆ヨーロッパへの伝播

では、ヨーロッパでどんなふうにチューリップが記録し始められるか、以下、簡単にたどってみることにしよう。

先に触れたフランス人ベロンは、一五五三年に出版された本のなかで、「赤いユリ」を目にしたのは旅の途上にあったトルコでのことだったと記している。前後の記述から判断して、この花が実際には八重のチューリップだったのではないか、と推測するアンナ・パヴォードの説を支持したいと思う。[11]

ベロンの旅の目的は植物採集だった。とすれば、ブスベックを待つまでもなく、くだんの本を刊行した一五五三年の時点で、ルマン近郊のベロンの庭にはすでにチューリップが育っていたと考えていいのではないか。

ちょうど同じ頃、イタリアでもチューリップが花開いていた。ドイツ人の植物学者コンラート・ゲスナー（一五一六–六五）の水彩画コレクション（エルランゲン大学所蔵）のなかに黄色のチューリップを描いたものが入っているが[12]（図1）、これがどうやらイタリアに咲いていた花らしいのだ。水彩画の作者はゲスナーの協力者の一人であったドイツ人ヨーハン・ケントマン（一五一八–七四）と考えられており、したがって、制作の時期は彼がイタリアに滞在していた一五四九年から五一年頃と推定される。[13]花は三つ描かれているが、花弁は真ん中のが八つ、その他が七つある。銘文にはNarcissus（スイセン）とあるが、花弁の数が多くなる率の高い、今日言うところのツリパ・シルヴェストリス（図1a）ということで専門家の意見の一致をみている。[14]

ちなみに、レオナルド・ダ・ヴィンチ（一四五二–一五一九）の初期作品とされる《受胎告知》（図2）、さらにはヒエロニムス・ボス（一四五〇頃–一五一六）作品にすでにチューリップが描かれているとの指摘がある。[15]もしそうなら、チューリップのイタリア到着はケントマンよりはるか以前の一四七三–七五年頃、オランダ到着は十六世紀初めにまで遡らせねばならないが、植物学者でもあるサム・

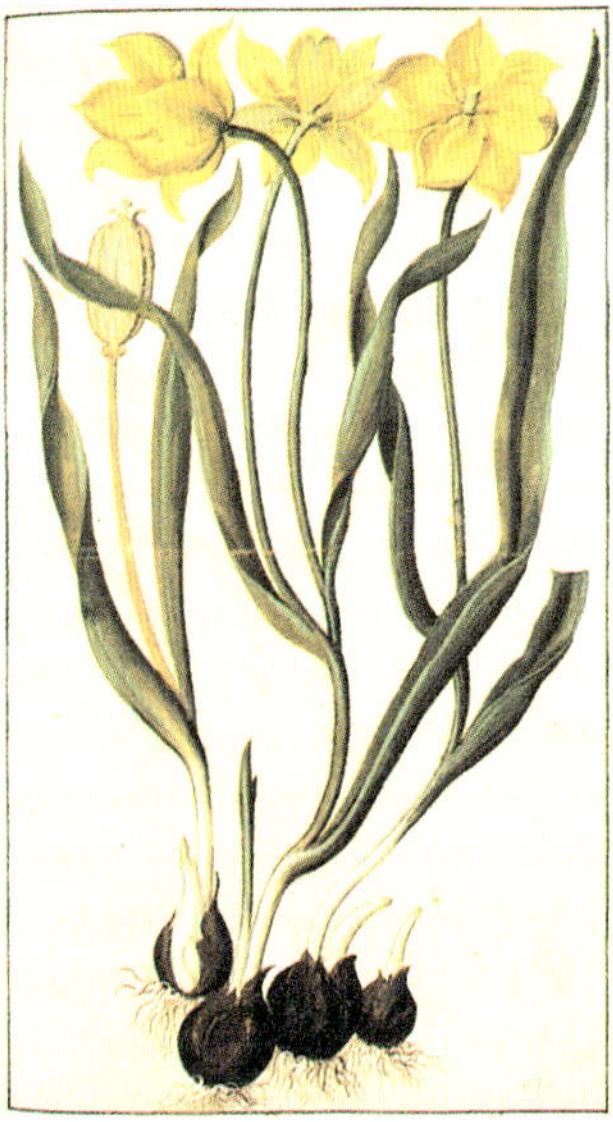

1. ヨーハン・ケントマン
《ウッド・チューリップ》、
水彩、1549-51頃、
ゲスナー・コレクション、
エルランゲン大学図書館

1a.《ツリパ・シルヴェストリス》、
彩色銅版画、
ウィリアム・カーティス
『ボタニカル・マガジン』（1809年）より

2. レオナルド・ダ・ヴィンチ《受胎告知》（右図は部分）、
板、油彩、98×217cm、ウフィーツィ美術館、
フィレンツェ

セハールによれば、どちらも描かれている花はチューリップではない、という。[16]

ケントマンから黄色のチューリップの水彩画を受け取ってしばらく後の一五五九年、ゲスナーは絵ではなく本物のチューリップの花を見ることになる。アウグスブルクのヨハネス・H・ヘルヴァルトの庭先に赤いチューリップが咲いたのだ。球根は「ビザンティウム」（コンスタンティノープル）より将来され、花は「赤いユリに似ていて、八枚の花弁を持つ」とゲスナーは解説する。[17] 通常のチューリップより花弁が二枚多いのが気になるが、ケントマンが描いた黄色のチューリップと混同したのかもしれない。

面白いことに、ゲスナーはこのヘルヴァルトの花と同じ花を描いた彩色水彩画を当時すでに所有していた（図3）。そこには、ケントマンの黄色のチューリップと異なり、丈が低く、ザクロの実のように先がすぼまった六枚花弁の花が描かれている。「アウグスブルクとボローニャに咲いた」花の似姿だという この水彩画は、一五五七年の制作である。[18] ゲスナーは、ヨーロッパで初となるチューリップ論文を一五六一年に発表したとき、この水彩画に拠って彫られた木版画を図版（図4）として利用し、チューリップの姿を多くの人の目に触れる形で記録にとどめた。[19]

## ◆クルシウス

ゲスナーの論文に後れることわずかに一年、アントウェルペンにもコンスタンティノープルから球根が届いている。植物学の祖と言われるカロルス・クルシウス（一五二六－一六〇九、改名前はシャルル・ド・レクリューズ）の記すところによれば、受け取った男は、あろうことか、その球根をタマネギと勘違いして食べてしまい、残りを畑に捨ててしまった。ところが、翌年の一五六三年、その場所からチューリップが芽を出し、花をつけた。勘違いをした男の友人ヨーリス・ライは、その花を見て、球根を分けてもらい、翌年、メーヘレンの自分の庭に花を咲かせることになる。[20]クルシウスは、その四年後の一五六八年、同市に移住してきている。ライの知り合いであり、植物学者である彼が、ライのチューリップを見逃すはずはない。

クルシウスとチューリップとの縁はこれだけでは終わらなかった。一五七三年、彼はウィーン宮廷の植物園長職に迎えられ、再びチューリップと出会い、ヨーロッパのチューリップ史に本格的にその名を刻み込むことになる。ウィーンには、コンスタンティノープル帰りのかのブスベックが滞在しており、クルシウスは、彼からチューリップの種と球根を大量に手に入れるまたとないチャンスに恵まれたのである。一五七六年に発表された著書の付録部分でトルコ伝来の他の植物とともにチューリップに言及し得たのは、その出会いがあったからにほかならない[21]（図5）。

ウィーンのクルシウスは、しかし、学者として厚遇されていたとはいえなかった。だから、一五九二年頃にはウィーンを離れフランクフルトに居を移していた。そのクルシウスのところに朗報が届い

3. コンラート・ゲスナーあるいはその弟子
《クルディスタン・チューリップ》、
水彩、1557年、ゲスナー・コレクション、
エルランゲン大学図書館

4. 《クルディスタン・チューリップ》、木版画、
ヴァレリウス・コルドゥスの著書（1576年）に
添付されたコンラート・ゲスナー論文より

た。レイデン大学が大学付属の植物園創設者として彼を招聘したいというのだ。不遇をかこっていたクルシウスはこの求めに応じ、翌年レイデンに赴いた。同地では、大学の仕事の傍ら、携えてきたチューリップの種と球根を栽培し、増やしては、ヨーロッパじゅうの植物を愛好する友人たちに送った。チューリップは複数の経路でヨーロッパに入ったが、それでも、以後のヨーロッパで栽培されることになる園芸種の多くは、彼の手元を離れたチューリップがもとになっていると言われる。クルシウスの種と球根はそれほどに品質が優れていた。ヨーロッパのチューリップ文化の基礎はまさしく彼の「播いた種」から芽吹いた、といっても過言ではないのである。

　もうおわかりであろうが、ヨーロッパのチューリップのほとんどは、着地点はさまざまであったにせ

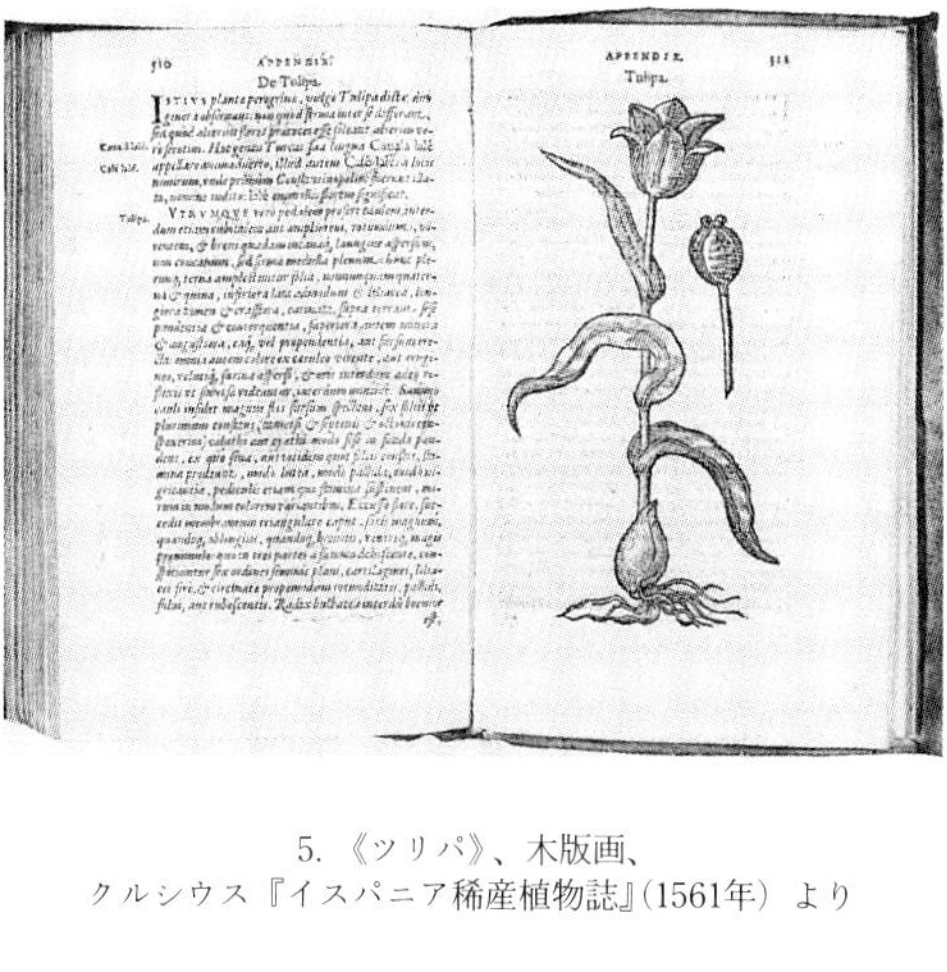


5.《ツリパ》、木版画、
クルシウス『イスパニア稀産植物誌』(1561年) より

よ、東方のトルコ、なかでもコンスタンティノープルを経由して入ってきた。聖書の世界もまた、東方に起源がある。とすれば、冒頭に掲げた小冊子の作者コルネーリスゾーンが、雅歌の語るシャロンの地に咲く花にトルコからやってきた新来の花・チューリップを重ね合わせたとしても何ら不思議はない。

# 第三章　チューリップマニア

## ◆人気の高まり

かくて十六世紀後半にヨーロッパで栽培が始まったチューリップは、またたく間に人気を集め始めた。クルシウスは、一五九三年にレイデンにやってきて、チューリップ栽培を手がけたが、一度ならず畑を泥棒に荒らされている。当時すでに、球根が珍しいばかりでなく、高く売れていたことの証しである。

なかでもクルシウスが晩年を暮らしたオランダは、チューリップ栽培に適した水はけのいい砂地に恵まれ、十七世紀以降、チューリップ園芸の中心地となり、チューリップの熱狂的な愛好家・投機家を生んでいく。つぎ込まれる金が早くも十七世紀初めにして馬鹿にならぬ額になっていたことは、一六一四年にアムステルダムで刊行されたルーメル・フィッセルの『寓意人形』の第五の図に明らかである。チューリップの花が二輪と、その向こうに転がる球根（図6）。モットーには「愚か者にたまる金なし」とある。解題では、花を楽しむでもなく、ひたすら投機のためにチューリップの球根を求めて愚かしいほどの大金を支払う者が痛烈な調子で揶揄されている。[22]

　小アジアに自生していたチューリップの原生種は、レンベルト・ドドネウス（一五一七―八五）が一五六八年の『草木譜』に掲出した図版[23]（図7）やゲスナーのチューリップ（図3）からもわかるように、クロッカスのような小さ目の単色の花をつけた。今日よく見か

6.《愚か者にたまる金なし》、
銅版画、ルーメル・フィッセル
『寓意詩画集』（1614年）より

7.《ツリパ・ミノル》、
木版画、レンベルト・ドドネウス
『草木譜』（1568年）より

8. ピーテル・ホルステイン（子）
《ゼンペル・アウグストゥス》、
水彩、324×211㎜、1645年頃、個人蔵

右 9. アンソニー・クラースゾーン
《アドミラール・ファン・デル・エイク》、
水彩、262×106㎜、1640年頃、個人蔵
＊
左 10. ピーテル・ホルステイン（子）
《ヴィス・ロア》、
水彩、個人蔵

ける複数色や縞状の模様のたっぷりとした大ぶりの花は、交配の末に生まれた園芸種である。チューリップには、交配は容易だが、その結果について予想がつかないという博打的な面白さがあったようだ。このため原生種は次々と誕生する園芸種に間もなく席巻されていった。多様な形、色、模様。変幻自在に生まれてくる華やかなチューリップの姿に愛好家たちは惜しみなく大枚を投じた。

園芸種のなかには、ごくまれにだが、白や黄色の地にとぎれとぎれの赤や紫の斑点の入った花が交じることがあった。「ゼンペル・アウグストゥス」（図8）、「アドミラール・ファン・デル・エイク」（図9）、「ヴィス・ロア」（図10）などと命名され、愛好家の羨望を集め、投機家の欲望を煽ったチューリップである。ある年代記作家は、「ゼンペル・アウグストゥス」はすでに一六二三年の時点で球根一つで一、〇〇〇ギルダーほどで売れたが、次の年に親球に子球がついて、買い手にはまるまる一、〇〇〇ギルダーが利息として転がり込んだ、と書いている。[24] 当時の単純労働者の一日の賃金は平均一ギルダー弱。一、〇〇〇ギルダーといえば、彼らの四—五年分の年収にあたる。不思議なことに、斑模様に飾られたこれら人気の花は、突然出現し、数年の間に球根に生命力がなくなるのが常であった。それもそのはず、斑の模様はウイルスに冒された瀕死の病みの徴《しるし》だった。しかしそれが判明したのはようやく十九世紀のことに過ぎない。十七世紀の人々は、そんなこととは露知らず、死のチューリップに群がっていたのである。

ともあれ、チューリップの需要は独特の交配事情も手伝って急激に高まり、球根の値段はぐんぐんと上がっていった。それに伴い、一六二〇年代後半には、取引の単位が従来の苗床、球根からアース（複数でアーゼン）という極小の単位（約〇・〇五グラム）に変わった。豆粒ほどの球根が取引の対象となる条件がここに整い、小口の取引参入に道が開けた。加えて、一六三〇年代に入ると、球根を土から上げている夏から初秋に限られていた取引が、現物の受け渡しのできない植付け時期にも行われるようになった。右肩上がりの相場は球根に休む暇さえ与えなかったのである。この結果、極端な場合には、土の中にある球根の持ち主が短い間に次々と変わるというとんでもない事態さえ起き始めた。それは、自分の所有した球根やその花を一度として見ることなく、しかも信用取引で現金も一切動かさず、年収に相当する額を懐にすることさえ可能な状況を意味する。こうして、一六三〇年代半ば頃には、花にまるで関心のない、ただただ利ざやを求める連中が球根市場に出没し始めた。彼らの名はフローリスト。名前だけ聞くと何やらとてもゆかしいが、何のことはない、球根投機で一攫千金を目論む輩のことであり、世にいう、チューリッポマニア（チューリップ狂騒事件）の愚かで哀れな主役たちである。

### ◆危機的局面　一六三六―三七年

一方では、十六世紀末の建国以来続いていたスペインの軍事的脅威が収まり、他方では、ペストによる労働人口の不足が誘う賃上げなどがあり、一六三〇年代半ばのオランダ人の懐には生活に不要な、利殖のための金がたまっていた。そうしたなかで、資金の少ない庶民が容易に投機に打って出られたのが、種類が豊富で、小口取引のできる球根であった。フローリストたちは、複雑な売買方式のおかげで、たとえ手ぶらで取引に出かけても、酒席にあずかり、何がしかの小銭を持ち帰ることさえあった。[25] 小銭とはいえ、取引をくり返せば、ばかにならぬ金額になる。売り抜けができれば、あくまで紙の上でのことだが、年収分のかせぎだって一日のうちに可能になる。あちこちから聞こえてくる儲け話はささやかな資金を元手にいい思いをしたい人々には何とも刺激的であったはずだ。

拱手傍観している手はない、そう考えた人の中に、たとえば十七世紀オランダを代表するヤン・ファン・ホイエン（一五九六―一六五六）のような風景画家がいた。一六三七年一月二十七日の記録では、ホイエンは一〇球の球根を一五〇ギルダーで購入し、そのうち九六ギルダーを三六ギルダーの自作の絵《ユダ》と六〇ギルダーの風景画家サーロモン・ファン・ライスダールの絵で支払うと約束した。それから八日後の二月四日には、さらに四〇球以上の球根と数ポンドの球根（球数不明）を合計八五八ギルダーで購入した。[26] 画家は一六五六年に破産して亡くなるが、住宅投機と並んで、こうした一連の球根投機も破産の一因と考えられている。

ファン・ホイエンは絵で代金の一部を支払うと約束しているが、こうした現物支払いは決して稀で

11. アンソニー・クラースゾーン
《アドミラール・リーフケンス》、
水彩、262×106㎜、1640年頃、
個人蔵

はなかったようだ。冒頭に挙げたコルネーリスゾーンの小冊子にも、一つの球根が一六三六年には「舟二艘分の小麦、舟四艘分のライ麦、四頭の太った牛、八頭の太った豚、一二頭の太った羊、大樽二つ分のワイン、四樽分（六〇キロリットル）の八ギルダー・ビール、三二〇キログラムのバター、五〇〇キログラムのチーズ、一台の付属品付きベッド、一着の衣服、一個の銀のコップ」と同等になり、これに運搬のための船賃五〇〇ギルダーを加えれば総代金は三、〇〇〇ギルダーになるが、それでも最上の球根は買えないと書かれている。[27] 取引の実例ではないにせよ、現物取引が実際にされていたからこそ、こうした例が引き合いに出されたのであろう。

ともあれ、このことからもわかるように、一六三六年にはチューリップの相場は途方もないものになっていた。翌年の例だが、二月五日にアルクマールで売りに出された故ワウテル・バルテミースゾーン＝ウィンケルの球根は、全部で九〇、〇〇〇ギルダーの売り上げを記録している。[28] なかでも、一球で五、二〇〇ギルダーの値をつけた子球付きの「アドミラール・ファン・エンクハイゼン」、たった三グラムで一、〇一五ギルダーになった「アドミラール・リーフケンス」（図11）が目を引く。本書にも抜粋訳が掲載されている一六三七年刊行の小冊子『ワールモントとハールフートの対話』には、典拠は確認できないが、一球一三、〇〇〇ギルダーの高値を呼んだ「ゼンペル・アウグストゥス」の例も挙がっている。[29] 十七世紀オランダの画家レンブラントが購入し、そのために彼が経済的苦境に陥ったアムステルダムの家（現在のレンブラントハウス美術館）がこの球根一球と同じ値段だったことを想像してみてほしい。こんな異常な状態が長く続いたら、それこそまさしく異常だ。

### ◆チューリップ相場の崩壊

だから、相場の崩壊は来るべくして訪れたというべきだろう。その様子を先にも挙げた小冊子『ワールモントとハールフートの対話』――訳してみれば『正直者と欲張りの対話』となる――を手掛かりに辿ってみることにしよう。

一六三七年二月三日火曜日、チューリップ取引で中心的な役割を果たしていたハールレムのある競売会がきっかけだった。[30]一ポンドの「スウィツセル」あるいは「ウィット・クローン」が、一、二五〇ギルダー、一、一〇〇ギルダー、一、〇〇〇ギルダーと値を下げていっても一向に売れず、居合わせたフローリストたちに落胆の気配が広がった、という。この話は燎原の火のごとくすぐさま町中に広がり、翌日にはハールレム市でチューリップの取引をする者はいなくなった。みんなが疑心暗鬼になって、模様眺めをしたのである。それでも、前述の二月四日のハーグでのファン・ホイエンの取引や、二月五日のアルクマールでの九〇、〇〇〇ギルダーに上る競売のように、なお他都市では取引が続けられていたが、それも時間の問題であった。同じく『ワールモントとハールフートの対話』によれば、一月に六〇〇―一、〇〇〇ギルダーしたチューリップ畑が五月にはたった六ギルダーにしかならなかった。また、冬の最高値の時に四〇〇ギルダーした球根は二二ギルダー一スタイフェルに急落してしまった。[31]

　球根相場の暴落に投機を重ねてきたオランダじゅうのフローリストはパニックに陥った。現物そっちのけで信用取引を続け、書類の上だけで持ち主を変えていたから、ひとたび支払い不能が出れば、影響は芋づる式なのだ。二月二十三日、窮状打開のため栽培家たちはアムステルダムで会合を開き、一六三六年十一月末日以前の取引は有効だが、それ以降については買い手は価格の一〇パーセントを払えば取引の無効を申し出ることができる、という取り決めをした。[32]しかし、契約価格自体がそもそも目の飛び出るほど高かったのだから、たとえ一〇パーセントでも支払いの履行が容易になったわけではない。だから、事態は一向に解決の兆しを見せない。そこで裁判所は、四月になって、一六三六年の植え付け以降に結ばれたすべての取引を保留にすると決定した。その後の対応は各市によって異なるが、典型的なハールレムの例でいえば、結局、どの契約も元値の三・五パーセントを支払えば無効になるという方針を一六三八年の春に打ち出し、混乱はようようにして収拾の方向へ向かった。[33]

　バルブ（球根）をめぐるバブルを、風刺家たちがほおっておくはずはない。彼らは一六三六―三七年にかけてパンフレットと呼ばれる小冊子を刊行しては、チューリップ狂騒を揶揄し、フローリストたちの愚考を笑った。冒頭に引用したコルネーリスゾーンの小冊子も、そうしたものの一つにほかならないが、なかでも飛びぬけて情報量が多く、最も頻繁に引用されるのが、『ワールモントとハールフートの対話』であった。[34]

### ◆フローリストを嘲う小冊子と絵画

この種の小冊子には版画を伴うものもあった。『フローラの愚者車』（図12）はその典型である。陸上ヨットの中央に一段高く座るフローラ。その周りを囲んで帆走を楽しむ愚者たち。商売道具の織り機をうっちゃって、我先にヨットに追いすがる男女の織物業者たち。地面には無残にも車の下敷きなった「ゼンペル・アウグストゥス」をはじめとするたくさんの高価なチューリップが散らばる。帆柱には人の愚かしさを象徴する猿がかじりつき、その先端に翻る吹流しには現世の象徴たる十字架付きの球儀があしらわれている。この世の虚しさを訴えるヒエロニムス・ボスのかの《干草車》が連想される意匠である。

『フローラの愚者車』には絵画版もあるが、風刺絵画で挙げておかねばならぬのは、何はさておき、ヤン・ブリューゲル（子）の有名な《チューリップ取引の寓意》（図13）であろう。（左前景から）斑入りの高価な花の咲く畑を点検する猿、取引成立を喜び合う猿、お金の入った重そうな袋を運ぶ猿、机いっぱいに広がったお金を数える猿、球根の重さを量る猿、取引の場から泣く泣く追い出される猿、無効になった契約書を片手に球根に小便をかける猿、後方には、契約がこじれたか、刃傷沙汰に及ぶ猿、その結末の悲惨さを暗示する右後方の葬式。左のバルコニーのところでは、「ヴィス・ロア」の絵

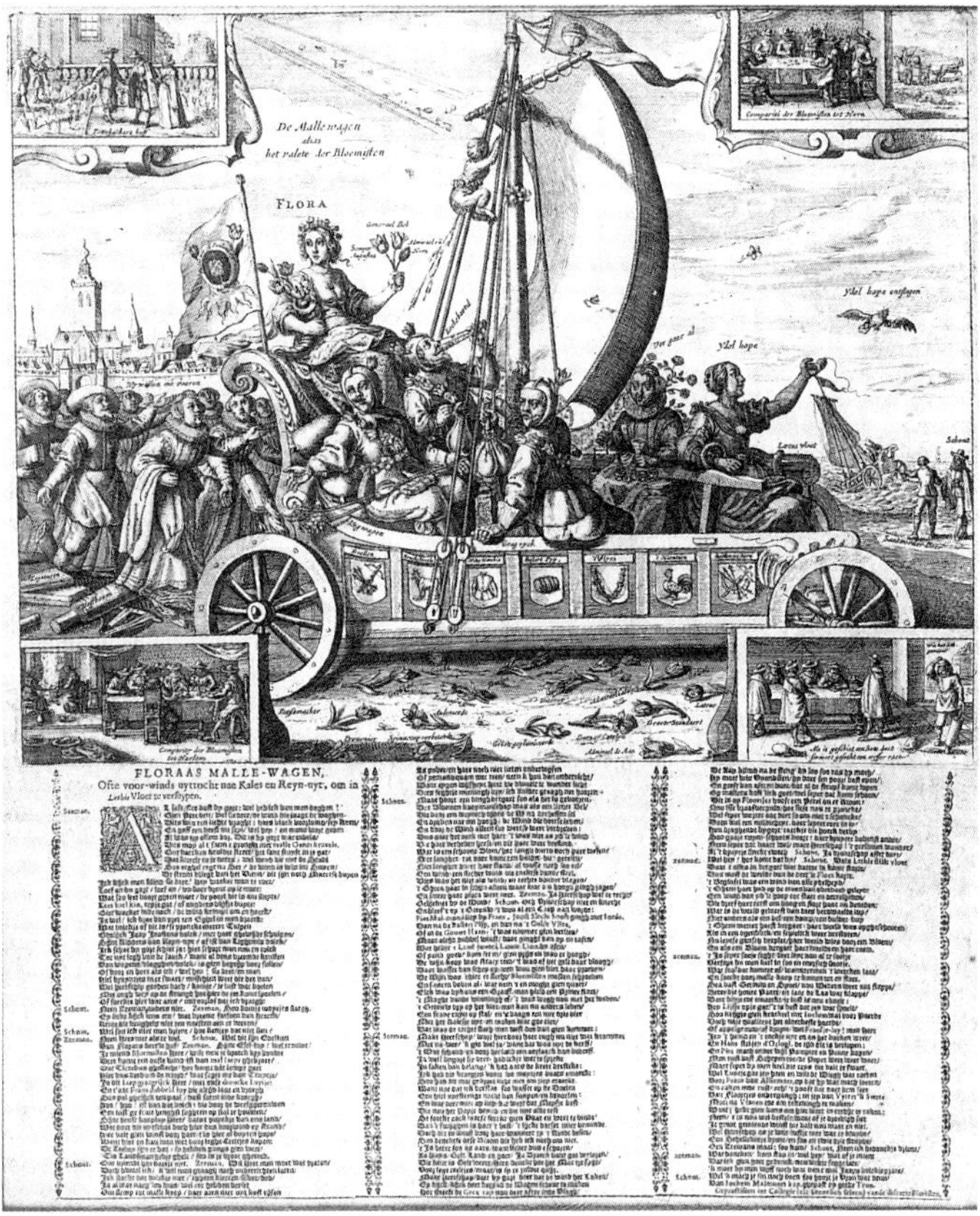


12. ヘンドリック・ポット原画、
クリスペイン・デ・パス（子）
《フローラの愚者車》、
銅版画、1637年

の下で契約成立後の宴会に酔いしれる猿たち。そして最前景の中央には、賢明の象徴であるフクロウを肩に、これら愚考のすべてを書きとる猿。ものまね上手の猿を主人公にフローリストたちの狂奔ぶりを活写するブリューゲルの筆致はユーモラスかつ辛らつである。

とはいえ、こうした相場の崩壊に懲りて、オランダ人のチューリップへの情熱が一挙に失せてしまったわけでは決してない。チューリップ取引には、花を心から敬愛する人、栽培のプロである園芸家、資金が潤沢な投資家も参加していたのであり、彼らは相場の崩壊後もチューリップに高い関心を持ち続けた。一六三七年初頭の頃には、ごくありふれたチューリップまでが異常な高値を呼んだが、そ

13. ヤン・ブリューゲル（子）《チューリップ取引の寓意》、
板、油彩、31×49㎝、1640年頃、
フランス・ハルス美術館、ハールレム

うした出物に群がった末に、破産したり、チューリップ取引から身を引かざるを得なくなっていったのは主としてフロリスト、つまり俄か投機家や欲に目の眩んだズブの素人たちだった。珍しいチューリップ、高級種のチューリップを心底楽しもうという愛好家や健全な園芸家は相変わらずチューリップに熱いまなざしを向け続けた。そのことは、一六四三年に売りに出された栽培家ヤン・ファン・ダンメの球根コレクション――その大部分はチューリップの球根であった――に四二、〇〇〇ギルダーもの評価額がついたことからも窺えよう。[35]

## ◆チューリップ・バブルを検証する

経済学者のガーバーは、こうした一連の出来事が、ほんとうに病的な投機現象、つまり本来の意味でのバブルだったのかと問う。[36] 彼は、十八世紀におけるチューリップの球根相場と比較しながら、十七世紀のチューリップ狂騒時における高級品種、稀少品種の値の下落は特別に異常なものではなかった、と主張する。たとえばデータのとれる一六三七―四二／四三年の推移では、年に三二パーセントほどの値下がりである。それでも大きい数字に思えるかもしれないが、「ウィット・クローン」という量り売りの大衆品種が年七六パーセントの値下がりであったことを考えれば、その半分以下に過ぎない。翻って十八世紀の例に目を転じれば、新出の貴重種は最初に高値をつけた後、年間二九パーセント弱の値下がりを記録している。つまり、高級種に限って言えば、チューリップ狂騒のピークと言われる一六三六—三七年の時期でも、値動きそのものは球根相場の通常の過程を示していただけだ、というのである。唯一、異常な事態があったとすれば、ポンド幾らで量り売りされるようなありふれた品種までが異常な高騰をしたことだ、とガーバーは言う。

新人トレーダに投機相場の危うさを悟らせるのに繰り返し引き合いに出されるというオランダ十七世紀のチューリップ狂騒。しかし、球根にどんな値動きがあったか、厳密な分析がされることはめったにない。ガーバーは、その状況に一石を投じるため、少ない記録を駆使して先に見たような結論をつむぎ出したのであった。確かに、高騰前後の数字の落差を強調すればするほど事態の異様さは容易に印象づけられる。チューリップ狂騒を語る多くの人々が目をつけるのもそこだ。しかし、球根に特有の値動きのパターンが忘れられては、起こったことの真相を正確につかむことはできまい。球根に踊らされた人々の話を熱狂的に誇張しては、ミイラ取りがミイラになりかねない。その意味でガーバーの論点には教えられるところが多々ある。

とはいえ、たった八アーゼン（〇・四グラム）の米粒にも満たぬ球根が単純労働者の年収の三—四年分の九〇〇ギルダーで売り買いされたり[37]、買い手が、現物を見ないどころか、金さえ払わず、転売のときに差額だけを懐にするといった取引形態や、手ぶらで出かけた者が球根競売に参加しただけで何がしかの実入りにあずかる商慣習は、健全な経済行為とはとても言い難い。十七世紀オランダは、勤勉を神の意思とみなすプロテスタントを国教とする社会であった。チューリップ狂騒が厳密にバブルだったか否かは別として、そうした社会の倫理観を危うくしかねない由々しき状況がチューリップの周りにあったことだけは事実であろう。

# 第四章　チューリップの肖像

## ◆植物書・植物図譜

かくほどに強い関心を呼んだ当時のチューリップは、では一体どのような姿をしていたのか。当時の植物書、植物図譜、チューリップ見本帳を紐解き、確かめてみよう。

ヨーロッパで最初のチューリップ図は、前にも挙げたケントマンの黄色のチューリップと作者不明の一五五七年の赤いチューリップの水彩画であり、後者をもとに彫版され、ゲスナーの一五六一年論文に掲載された木版画である（図1、3、4）。いずれもわれわれが今日よく知るチューリップといささか姿が異なる。このことは、ピエル・アンドレア・マッティオリ（一五〇一―七七）の一五六五年版の『ディオスコリデス注釈』に掲載され、Narcissus Tulipa Gesneriana と名づけられたチューリップ（図14）、ドドネウスの『草木譜』（一五六八）に載った Tulipa Minor（図7）、クルシウスが『イス

左 14.《ナルキッスス•ツリパ•ゲスネリアナ》、
木版画、
ピエル•アンドレア•マッテッィオリ
『ディオスコリデス注釈』(1565年) より
＊
下 15.《チューリップ》、彩色木版画、
マティアス•ド•ロベール
『本草書』(1581年) より

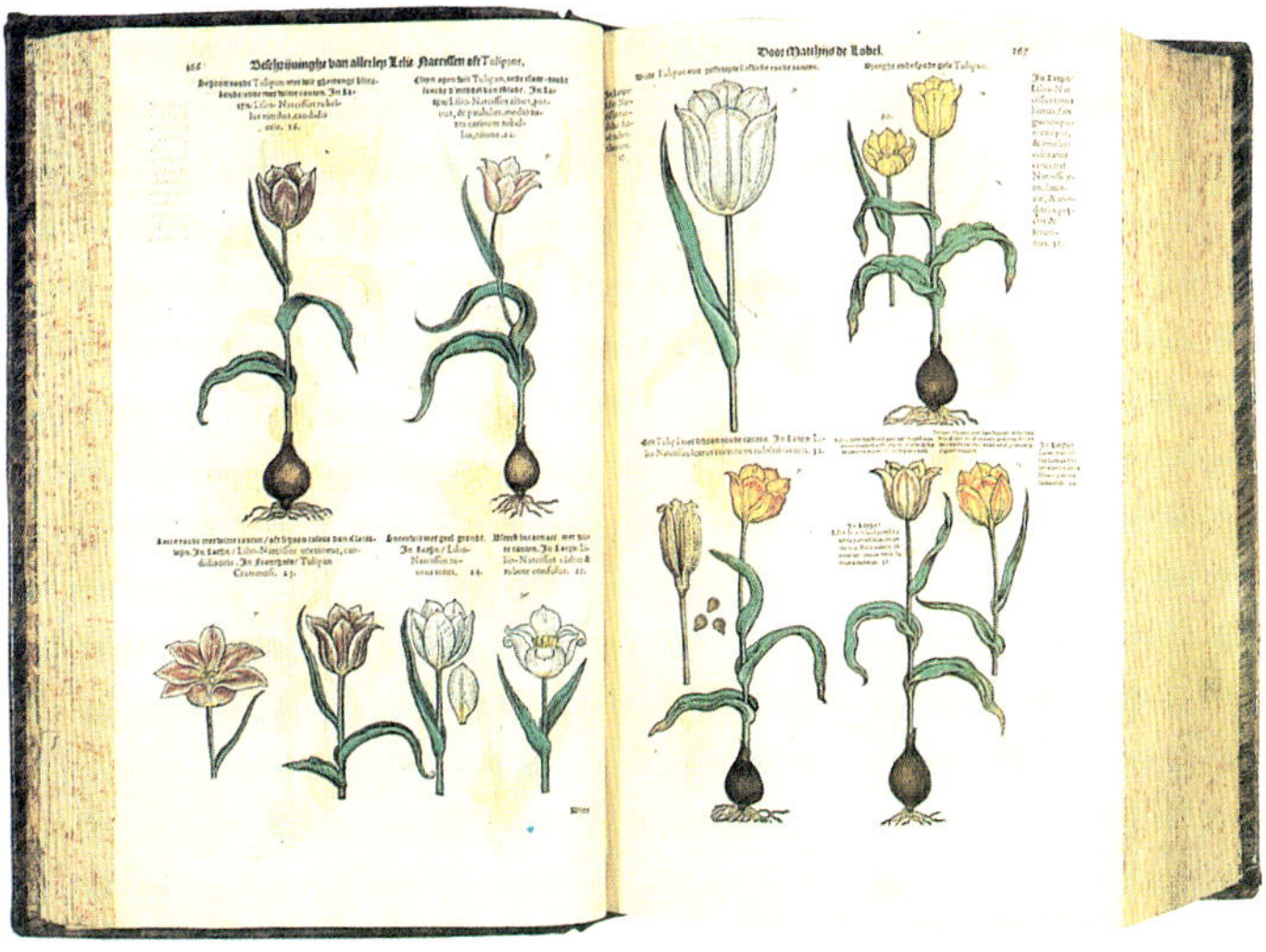

パニア稀産植物誌』（一五七六）に発表したTulipa（図5）についても言える。[38]

ちなみにケントマンの黄色のチューリップとドドネウスのチューリップは同じ種と見なされている。またドドネウスの図版はクルシウス、さらに以下に触れるマティアス・ド・ロベール（一五三八―一六一六）でも再利用されている。初期の植物書では同じ版木の使い回しは珍しいことではなかった。

ともあれ、原種に近いチューリップはどちらかといえば小振りの花だったようだ。ところが、ド・ロベールの『本草書』（一五八一）の一八に及ぶチューリップ図（図15）に至って、ゲスナーら先学の図示するような花に交じって、たっぷりとした深い杯を思わせるような花が登場するようになる。[39]たとえば図15の右頁上の白いチューリップ。その形はどちらかといえば後の交配種に近い。ド・ロベールは同書の中で四〇種にも上るチューリップを紹介している。ヨーロッパにチューリップが根づいて三〇年余。原種とされる一四種からつくられた交配種が植物書の主役をはる時代がすぐそこに来ていたことを思わずにはいられない。[40]

ド・ローベルの著書が出たのは、ちょうど、植物書の図版が本格的に木版画から銅版画へと移行する時期でもあった。銅版画は、その技法の性格上、木版画よりはるかに精密に花の特徴を反映できる。このため、記録性を重視した専門の植物書ばかりでなく、商売のためのカタログ、観賞にも耐える花譜などが、銅版画による植物画を掲載して、続々と刊行されるようになっていった。交配種が出回って華やかになり始めたチューリップが自らの正確な肖像を後世に遺す絶好の環境が整い始めつつあったのである。

当時の植物書と観賞用の花譜に区別を付けるのは、ときになかなかにむずかしい。クリスペイン・デ・パス父子が一六一四年に出した『花の庭』はその典型である。父の携わった続編がより植物学的であるのに対し、息子の手がけた第一部はどちらかといえば観賞用である。[41] ちなみにチューリップは、観賞用を目指した息子の担当部分に論文と一三の図版を添える形で紹介されている（図16）。デ・パスはどのチューリップも地面から生えているところを画面いっぱいに描く。花弁の微妙な起伏や反り具合や光

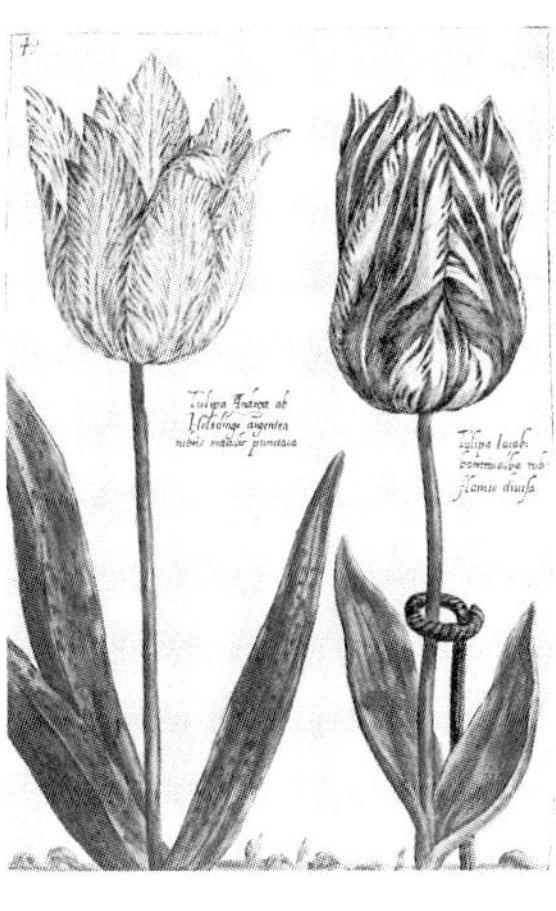

左 16.《チューリップ》
右 17.《チューリップの栽培具》
彩色銅版画、
クリスペイン・デ・パス
『花の庭』(1614年) の補遺

沢の表現は、以前の木版画には見られなかったもので、絵としての面白さは格段に増している。色に関していえば、縁が別の色になっていたり、いわゆる「ブレークした」斑の模様を帯びていたりしているのがほとんどで、単色のものは少ない。花付きも大きい。交配の進行とともに多様化するチューリップの姿がここにある。論文部分には、一二九種のチューリップ名、チューリップの栽培法──図17はチューリップを真っ直ぐ咲かせるための器具の説明図である──、さらには愛好家の名が街ごとに挙がっている。チューリップに対する関心が具体的になってきたことを想像させる記述である。[42]

バジリウス・ベスラー（一五六一─一六二九）の手がけた『アイヒシュテットの庭』も挙げておくべき優品である。[43] 華麗なる花譜としてつとに名高いこの書は、アイヒシュテットの司教で熱烈なる花の愛好家ヨーハン・コンラート・フォン・ゲミンゲンの後援のもと、ベスラーの手で一六一三年に刊行された。そこには、ヨーハンの庭で育てられていた種類にして六七〇種、数にして一、〇〇〇点以上の植物を描いた図版が収められているが、チューリップの頁は、ことのほか色鮮やかで印象的だ（図18）。まるで美しい花の画集を目の前にしているような楽しさがあるが、それもそのはず、花、銘文はいずれの場合もかなり装飾性を意識して配置されている。丈の高い二本の盛りのチューリップと三本のやや丈の低いリューリップが交互に並び、球根の周囲には装飾的な文字が連なる。葉も茎も、バレーの踊り手の手足のように軽快に、リズミカルに曲線を描く。他の花の図版もこの点では変わりがない。

18.《チューリップ》、彩色銅版画、
バジリウス・ベスラー
『アイシュテットの庭』(1613年) より

やや機械的な線の処理が際立ち、植物的細部の正確さには欠けるが、装飾性の豊かさはそれを補って余りある。花は博物的関心の対象、育て楽しむものから、見せるもの、嘆賞するものに変りつつあるようだ。

## ◆チューリップ取引用のカタログ・見本画・見本帳

チューリップの銅版画は、こうした花譜の類と並んで、商売用のカタログにも利用された。エマニュエル・スウェールツ（一五五二生まれ）がフランクフルトで出した『花譜』（一六一二）はその最も早い例である。[44] オランダに生まれた園芸家スウェールツの編んだ同書には、ヨハネス・テオドルス・ド・ブリー、ピエール・ヴァレといった先人の図版の再利用が目立つ。しかもその図版の質は決して高いとは言いがたい。チューリップの並ぶ頁の一つを見ると、花の部分だけが簡単な名称とともにそっけなく並んでいる（図19）。いささか簡略に過ぎて、購入希望者にどれほど参考になったか不明だが、写真のない時代に銅版画を利用したカタログ販売を考案し、注文に応じるというやり方は、なかなか目端が利いているし、需要の高さを窺わせて面白い。

球根取引用に制作されたチューリップ図のなかには、もちろん、質の高い、魅力的なものもある。いわゆるチューリップ見本画（帳）がそれである。チューリップの取引は、通常、球根を地上に上げている時期に行われる。つまり、買い手は購入しようとしている球根が春になっていったいどんな花

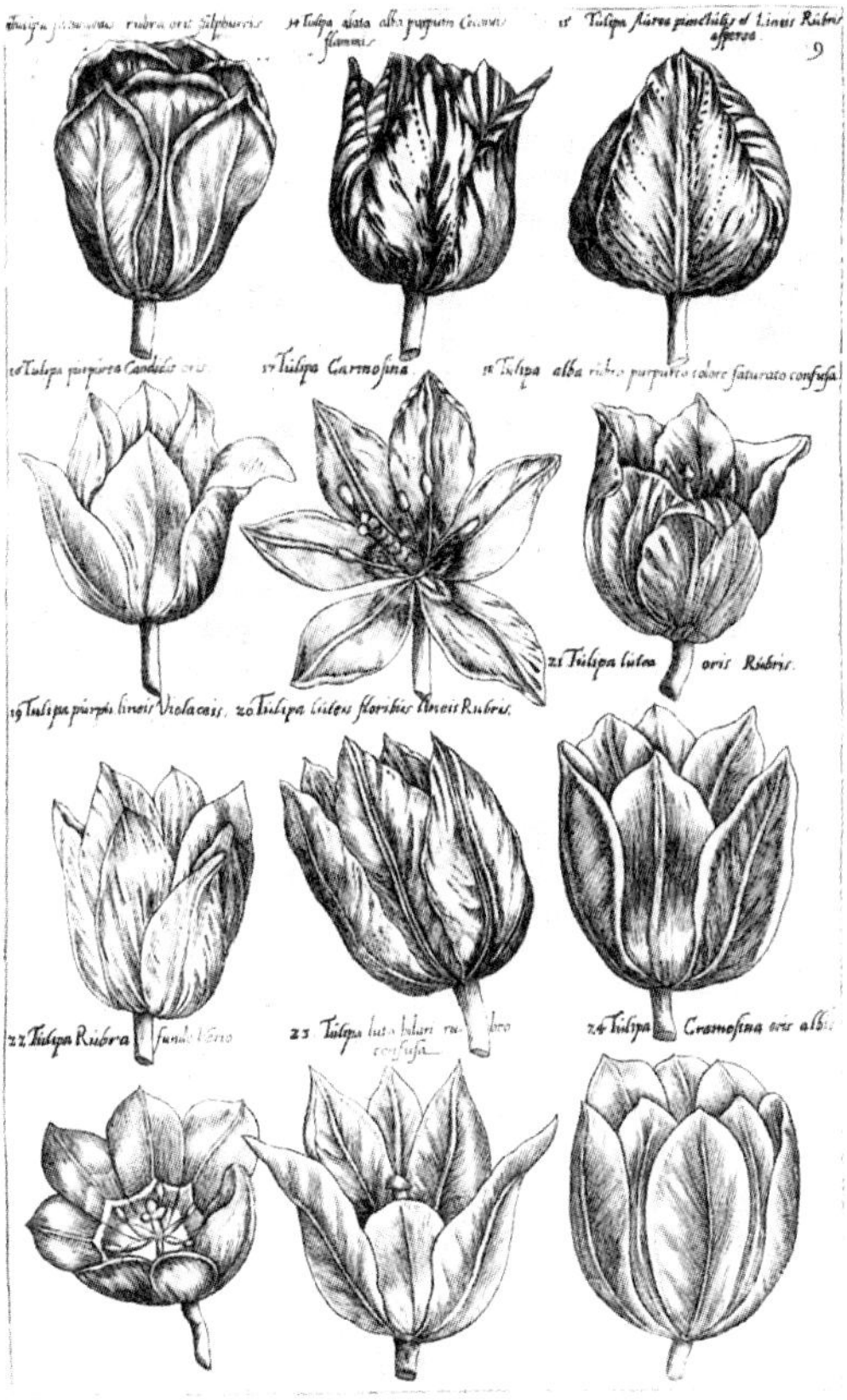


19.《チューリップ》、銅版画、
エマニュエル・スウェールツ
『花譜』(1612年) より

をつけるのか、実際には知らないのである。植えられている時期にしたところで、花の期間はさほど長くはない。だから、売る側も買う側も情報不足の取引とならざるを得ないのである。そこで、咲いた状態のチューリップを画家に描かせ、これを見本として利用するため、多くのチューリップ見本画（帳）が制作されるようになった。たいていの見本画（帳）は彩色の水彩画で、出色のできのものが多い。嬉しいことに、その幾つかには名称が書き込まれている。おかげで、「ゼンペル・アウグストゥス」（図8）、「ヴィス・ロア」（図10）、「アドミラール・リーフケンス」（図11）などと呼ばれていた花が、実際にどういう花だったたか、今に至るも確かめることができる。

チューリップ見本画（帳）の作家としては、ピーテル・ホルステイン、アンソニー・クラースゾーン、ヤーコプ・マレル、ユーディット・レイステル、マーリア・シビッラ・メーリアン（図31）、フェルディナント・ボルなどが挙げられるが、当時の記録から値段がわかるものを中心に、以下、幾つかを紹介してみよう。

「ゼンペル・アウグストゥス」が、十七世紀初め頃から最も高値で取り引きされていたことはすでに触れたが、ピーテル・ホルステイン（一六一一頃―七三）の描く図8はその羨望の花のあでやかな姿を鮮烈に浮かび上がらせる。先端の部分にやや大き目に切れ切れに入った赤、そこから白地の花弁の上に点々と血痕のように滴るブレーク模様。何やら不可思議で不気味な模様である。図10の同じく

上 20.《チューリップ》、水彩、
ヤーコプ・マレル『チューリップ見本帳』
（1640年頃）より、
国立美術館版画収集室、アムステルダム
＊
左 21. ピーテル・ホルステイン
《ヘール•エン•ロート•ファン•レイデン》、
水彩、1645年頃、個人蔵

ホルスタインの描く「ヴィス・ロア」は、地が白、ブレーク模様が紫の花をつける。一六三七年の時点で四一〇アーゼン（二〇・五五グラム）の球根が三、〇〇〇ギルダーしたとの記録がある。

アンソニー・クラースゾーン（一六〇七―四九）の描く「アドミラール・リーフケンス」（図11）は「ゼンペル・アウグストゥス」によく似ているが、垂直に入った赤の縞が連続して上昇する、より単純な模様を持つ。一六三七年の時点で四〇〇アーゼン（二〇グラム）の球根が四、四〇〇ギルダーの高値をつけている。

ヤーコプ・マレル（一六一三/四―一六八一）の見本帳の、ある見開きには五本のチューリップが描かれている（図20）。右から二番目と三番目の黄色地に赤の模様の入った花には S. Pieter, Noons Wyt と名称が記されているが、一六三六年の時点でそれぞれ八〇〇アーゼン（四〇グラム）、三〇〇アーゼン（一五グラム）の球根が九〇〇ギルダー、九〇ギルダーで落札されたとの記録がある。これらの球根は、白をベースにした花に比べ人気がいま一つ薄かったようだ。確かにホルスタインの水彩で伝わる黄色地に赤の「ヘール・エン・ロート・ファン・レイデン」（図21）も一六三六年に二四〇アーゼン（一二グラム）で二三五ギルダーの値をつけたに過ぎない[45]。もっとも、それだって単純労働者の一年分ほどの収入ではあるのだが……。

「スウィツセル」、「ウィット・クローン」、「ヘール・クローン」などのありふれた球根は、一ポン

22. ピーテル・ファン・カウエンホールン
《チューリップ》、水彩、1630年頃、
王立植物協会図書館、ロンドン

ド幾らというふうに複数個まとめて量り売りされるのが普通だった。そうした球根がつける単色の花が見本画（帳）に描かれることはめったにない（図22左下の二点）。安価であったため、わざわざ描いてみるまでもないと思われたのだろう。

当時、最も美しい理想のチューリップとされていたのは、「花弁が丸く、真っ直ぐに立ち、開いて咲く花」、「ただし、上方部分は丸みを帯びて、しかもさほどカールしてない花」、「火焔［斑入り］模様が下から始まって花弁の先端まで続き、貝の形で収束する花」、「美しい青の花底部、黒い花弁の立ち上がり部分を持つ花、ただし、実際には、後者の部分が深い群青色を帯びた花」、「丈が高く、真っ直ぐに伸びた茎を持つ花」、「標準の大きさの花」であった。[46] 見本画（帳）のチューリップは見事にこの記述と合致する。もうお気づきであろうが、十七世紀になって人気を集めた花は、十六世紀末の原種あるいはそれに近いチューリップとはかけ離れたものになっていたのである。

### ◆写本のなかのチューリップ

記録よりも観賞を目的にしてチューリップを描いたものは、植物画よりやや後れて美術の世界を彩り始めるが、まず写本の領域から二つの優品を挙げて、チューリップの肖像の変化を追ってみよう。

まず、一六九〇年代に神聖ローマ帝国に赴き、宮廷画家となったフランドル人ヘオルフ（ヨーリス）・フフナーヘル（一五四二－一六〇〇）の作品に注目したい。ちょうど、クルシウスと相前後する時期のことだが、フフナーヘルが仕えたのは、ウィーンのマクシミリアン二世ではなく、彼の跡を継ぎ、プラハに宮廷を構えた息子のルドルフ二世の方である。彼は、この博物学に魅せられた皇帝のために、動植物を羊皮紙に描いた写本挿画を数多く制作しているが、そこに繰り返しチューリップの姿を認めることができる。

なかでも一五九〇年代に制作された『ミラ・カリグラフィアエ・モニュメンタ』なる写本の挿画には目を奪われる。[47] 一五六一—六二年に制作されたボスカイの書体見本にフフナーヘルが挿画を入れた一二九葉とフフナーヘルが単独で手がけた挿画頁二二葉とからなる写本だが、最初の一二九葉の幾つかにチューリップが登場するのである。どの場合も、ボスカイの書体見本が頁の上方を飾り、フフナーヘルによる植物、昆虫、貝などのモティーフが下半分に左右対称に並ぶ構図をとっている。

図23はその一例だが、真ん中のヒメバチを中心に茎を絡み合わせる二輪のチューリップ、その両脇下に貝が二つ、という配置は、いかにも図式的、装飾的であるとともに、何やらヒエログリフのような神秘性を漂わせる。だが、個々のモティーフに目をやると、フフナーヘルの観察の目は対象を貫いて鋭く、描写は驚くほど細かい。茎を交差させるチューリップは、花弁の付け根あたりから幾筋もの白の縞が立ち上がる赤い花と、青、黄、赤、白、緑の色合いの花の二つで、どちらも上方ですぼまった後、僅かに外に向かって反り返っている。後者の花の配色は、有名なヤン・ブリューゲル（父）

23.《ヒメバチと貝とチューリップ》、水彩、
ヘオルフ（ヨーリス）・フフナーヘル
『ミラ・カリグラフィアエ・モニュメンタ』（1590年代）より
（ただし、ボスカイの書体見本部分は1561-62年の制作）

24.《ユリ、アサガオ、チューリップ》、水彩、
ニコラ・ロベール『王のヴェラム』
（1600年代半ば頃）より

の《アイリスのある花束》の頂部の花（図27）と似ているが、いささか空想的である。[48]花の形の方は、ゲスナーのチューリップ（図3）などの初期のチューリップとほぼ符合する。フフナーヘル独特の、装飾性・理念性と自然科学的観察とのえも言えぬ混交が際立つ作品である。

オランダ・フランドルの作例ではないが、ここで同じく羊皮紙に描かれた『王のヴェラム』を見ておこう。[49]フランス人ニコラ・ロベール（一六一四―八五）がルイ十四世の弟ガストン・ドルレアンの庭に咲く花を描きとどめた十七世紀半ば過ぎの写本であるが、なかにチューリップを配した頁が複数葉ある。たとえば図24に図示した頁には、アネモネなどとともに赤と黄が複雑に絡み合う一輪のチューリップが描かれている。フフナーヘルから後れること五〇年余の作品だが、両者には、配置といい、球根部分を全く描かないところといい、装飾性を重視しているところといい、共通性が多い。ただし、フフナーヘルの作品に顕著だった特徴の一つ、すなわち理念性と科学性とのせめぎ合いが生み出す張り詰めた緊張感はロベールにはすでにない。花に求められるものが、博物的な神秘から、生活を彩る華やかさへと移りつつあることが推測される。もう一つ、花弁がさほど大きくカーヴを描かなくなったことにも注目しておこう。十六世紀末と十七世紀半ばでは花の受容の仕方、好みが大きく変ってきているのである。

## ◆油彩画のなかのチューリップ

油彩画による花の絵も、写本挿画の場合と同じく、十六世紀末頃から徐々に美術史上に顔を見せるようになる。当時の油彩画は主として物語を叙述する場であった。花のみが表現の対象になるというのは、したがって、美術史的には画期的なことであった。[50]

花を描いた油彩画で最も早い作例の一つ、前出のフフナーヘルによる《アラバスターの花瓶の花束》（一五九五頃）（図25）から見てゆこう。フフナーヘルは、さきに触れた写本では装飾性の際立つ様式を選んでいたが（図23）、油彩画では現実の花束に近いアレンジを試みている。アネモネ、ラッパズイセン、クロッカス、セイヨウサンザシ、チューリップなど、生けられているのはどれも外国産の稀少種である。油彩画はそれら珍しく貴重な花を描きとどめておく機能を担ったのだろう。チューリップは花束の右中ほどに横向きに生けられている。小ぶりの花は、やや濃い色の花底部を除けば、白一色である。後の油彩画に描かれるチューリップは、縞や斑の模様の入ったものが圧倒的に多い。それらを知る者には、初期ならではのこの単色の花の簡素さは感動的ですらある。

一五九五–九八年にレイデンに住み、かのクルシウスとも親交のあった画家にジャック・デ・ヘイン（子）（一五六五–一六二九）がいる。友人の感化か、多くのチューリップを描いているが、その多くは複数色のチューリップである。《ガラス花瓶の花束》（一六一二）（図26）には、珍しく白の単色のチューリップが姿を見せるが、頂部にありながら半ば他の花の陰に隠れており、存在感は薄い。目立

25.ヘオルフ・フフナーヘル
《アラバスターの花瓶の花束》、
銅板、油彩、1595年頃、
テレサ・ハインツ・コレクション

26. ジャック・デ・ヘイン（子）《ガラス花瓶の花束》、
銅板、油彩、39.5×28.8㎝、1613年、個人蔵

っているのはあくまで赤あるいは白の地に赤や黄の斑や縞の入った他の五本の花の方である。セハールによれば、これら五本の花は植物的に相互に関連した種ばかりで、当時の園芸種の豊富さを必ずしも反映していない。[51] しかしそれでも、ゲスナー以来半世紀を経て、複雑な色合いの園芸種が単色のチューリップを押しのけて人気をとり始めたことを窺うには十分である。

ただし、下膨れの花の形は、チューリップが人気を呼び出して間もない、初期のころの好みのままである。端の部分で内側に丸まった花弁は、上方で一旦内側にすぼまった後、尖がった先端部分をわずかに外側に反らせる。花弁を波打たせて描くのはこの画家独特のスタイルではあるが、それを差し引いても、ゲスナーのチューリップ（図3）によく似ている。ちなみに、中央の大き目のチューリップには花弁の先が少なくとも八つ見える。絵から判断するのはむずかしいが、不正の切れ込みか、花弁が八つの突然変異種であろう。

デ・ヘインがフランドルからオランダに移住して活躍したのに対し、有名なピーテル・ブリューゲル（父）の息子ヤン・ブリューゲル（父）（一五六八―一六二五）は一貫してフランドルを拠点に制作活動を続けた。当初は風景画に傑出した才能を発揮していたが、一六〇四年、かのフフナーヘルも滞在したプラハのルドルフ二世の宮廷を訪ねた頃から、花の絵に精力的に取り組み始めた。ルドルフ二世は、フフナーヘルが仕えた皇帝であり、前出のデ・ヘインが描いた最初の花の絵を手に入れた皇帝である。彼の宮廷には画家たちが花を描きたくなる環境があったのであろう。

ヤン・ブリューゲル（父）の作品にはフランドルならではの豊かな華やぎがある。彼の花の絵のなかで最も早い年記を持つ《アイリスのある花束》（一六〇五、図27）も例外ではない。およそ七二種にものぼる稀少な園芸種をそろえて、扇状に開く花束からは、実物の花にも優って輝く絵画の魔力のようなものすら感じられる。おそらく相当の評判を呼んだのであろう、幾つかの花を入れ代えただけの第二作が、数年後に、ブリュッセル駐在のアルブレヒトとイザベラ大公夫妻に納められた。ウィーンの美術史美術館が所蔵するかの有名な作品はこの第二作の方で、大公夫妻の後任であるレオポルド・ヴィルヘルムが後年本国に持ち帰ったものである。大公夫妻は、珍しい外来種を集めた庭園をブリュッセルに所有する植物の愛好家であった。ブリューゲルが大公夫妻と親しかったことを考えれば、彼らの庭園の花は第一作の花束をすでに飾っていたかもしれない。

面白いことに、第一作と第二作とではチューリップに寄せる関心の度合いが異なる。第一作で花束の上方に六本、中ほどに一本、計七本あったチューリップが、ウィーンの第二作では五本に減っているのである。なくなったのは頂部の単色の赤い花を含む二本で、第二作ではその部分に黄色のアイリスが描き込まれている。フフナーヘルの写本（図23）にあるのと似た花、黄地に赤の縞、白地に黄色の縁、白と黄と赤が入り組んだ花など、他の複雑な色合いの花がほとんど手付かずのままウィーン作

27. ヤン・ブリューゲル（父）
《アイリスのある花束》、
板、油彩、50×39.5cm、1605年、
個人蔵、オランダ

品に受け継がれていることを考えれば、植物に詳しい大公夫妻が流行遅れの単色のチューリップを好まなかった、といったことを推測してもよいのではないか。

　ブリューゲルもデ・ヘインも、同じ花を複数の構図で繰り返し描いている。ブリューゲルは、アントウェルペンにない花はブリュッセルにまで出かけて写生している、という内容の手紙を書いているが[52]、実際には、必要な花が必要な時に都合よく咲いていたとは限らない。花を描く画家たちは、彼ら二人に限らず、適宜、実物の花からスケッチを制作し、それらを機会あるごとに組み合わせ、花束を構成していたと見た方がよさそうだ。つまり、作品として伝わる花束は画家の構想の産物にほかならないということだ。チューリップとユリなど、開花時期の異なる花が隣接しあって描かれるジオラマ的な花の絵が多いことも、そう考えれば十分に納得がゆく。

　ジャック・デ・ヘイン（子）、ヤン・ブリューゲル（父）をはじめとして、十七世紀の第一・四半世紀に活躍した花の画家はフランドル出身者がほとんどである。オシアス・ベールト、ルーラント・サーフェリー、アンブロジウス・ボスヒャールト、そしてチューリップ画（帳）のところで名前を挙げたアンソニー・クラースゾーンなど、いずれも両親あるいは自らがフランドルに縁を持つ画家である。彼らのうちの幾人かは宗教上の理由などで故国を後にし、落ち着き先のオランダにフランドルの十五世紀以来の伝統を接ぎ木する役目を果たした。オランダが十七世紀に花の絵で他国に抜きんでた作品を生み出し得たのはまさに彼らのおかげである。[53]

フランドル伝来の伝統を学び、身につけた生まれも育ちもオランダの画家が筆を揮い始めるのは、ようやく一六三〇年近くになってからのことであった。たとえばチューリップ画（帳）のところで言及したユーディット・レイステル、さらにはヤーコプ・ヘリッツゾーン・カイプ、バルタザル・ファン・デル・アストなどがチューリップをモティーフにした優品をのこしている。しかしここでは、建築画家ディルク・ファン・デーレン（一六〇四／五―七一）の唯一つの静物画《万暦花瓶に生けたチューリップ》（図28）に注目してみることにしよう。見てのとおり、構図はあっけないほど簡素だが、描かれているのは中国は明渡来の花瓶、数個の貝、一輪のチューリップなど、どれも粒ぞろいのコレクターズ・アイテムばかりである。

花瓶はもちろん東インド会社経由の輸入品で、だれにでも手に入るという代物ではない。白地に赤の模様の入ったチューリップは、セハールによれば、「ヘネラール・デル・ヘネラール・ファン・ハウダ」で、貴重品種として高い人気を集めていた。[54] そして、遠い異国の海からもたらされる珍しい貝は法外な値段で取引されており、人々にチューリップと共通する思いを抱かせていた。本稿第三章でフィッセルの『寓意人形』からチューリップの項を紹介したが、実はその項の前は貝を主題とする項で、「愚か者は奇妙きわまるものに金を浪費する」という、チューリップの場合と同じ内容のモットーが添

28. ディルク・ファン・デーレン
《万暦花瓶に生けたチューリップ》、
板、油彩、38.3×29㎝、1637年、
ボイマンス美術館、ロッテルダム

えられている。どうやらこの作品には、貴重なコレクションを絵で楽しむという目的以外に、人の行いの愚かしさを教え諭す教訓的な意図が働いているようだ。チューリッポマニアの年、一六三七年に制作されたことを思えば、決して考えられないことではない。

同様の教訓的意図はハンス・ボロンヒール（一六〇〇―七〇？）の《チューリップの花束》（図29）にも読み取れる。ボロンヒールはフランドル出身の画家だが、活躍したのはチューリップ栽培の盛んだったハールレムだった。そのせいか、彼の作品にはチューリップが頻繁に描かれる。図29はその典型的かつ優れた例の一つである。花瓶の口近くに生けられたバラをたくさんのチューリップが取り囲んでいる。先すぼまりの二本を除き、花はたいていたっぷりと、ゆるやかに開いている。花弁の端は相変わらず内側に丸まっているが、先端部分が外側に反ることはない。その数およそ一四―五本。しかも、いずれもが、白地に赤の縞や斑点の入った高値の「ブレーク」チューリップである。この作品の制作年は一六三九年。二―三年前のチューリップをめぐる騒ぎを知る者はこの絵の前で深い感慨を覚えたに違いない。

それぞれの花を咲かせた球根を安く見積もって三、〇〇〇ギルダーとすると、花束の背後には四五、〇〇〇ギルダーほどの大金が動いている。ボロンヒールが通常受け取っていた画料は、当時の財産目録に見る限り、五〇ギルダーを超えることはない[55]。だから描かれたチューリップの価値は画料をはる

29. ハンス・ボロンヒール
《チューリップの花束》、
板、油彩、68×54.5cm、1639年、
国立美術館、アムステルダム

かに上回る。だが、時の侵食に耐えたのは皮肉にも絵の方であって、チューリップではない。今もチューリップは咲いているものの、十七世紀に愛された病の花が栽培されることはもはやないのだから。高価だが、すぐに萎み、廃れてしまうチューリップ。そんなはかないものに狂奔することの愚かしさ。十七世紀オランダの花の描写は、骸骨や砂時計を添えて俗世の虚しさ、つまりヴァニタスの意味を強調することが多いが（図34）、ボロンヒールの《チューリップの花束》は、美術史の予備知識の有無にかかわりなく、見る者をそうした想いへと誘ってやまない。何の役に立つわけでもない、小さな美しい花が人を見境のない投機に駆り立てただけに、教訓的効果は抜群である。

ただし、当時といえども、人々の日々の暮らしに深く根を下ろしたチューリップ像もあった。その典型を、油彩画ではなく、タイルの装飾から紹介しておこう。十七世紀のオランダでは、デルフトを中心に陶器産業が盛んになるが、その製品の一つ、煖炉の周りや、厨房、壁の下部に張り込まれるタイルに人物、風景、植物などと並んでチューリップをあしらったものがあるのである。世紀の初め頃は図案化した作例が主体だったが、一六三〇年頃から、きわめて写実的なチューリップの絵が好んで用いられるようになる（図30）。しかも、選ばれるのは縞や斑の入った高級種である。日常の場をさりげなく飾るタイルであるだけに、チューリップの人気が専門の園芸家や投機的なフローリストの枠を

30. チューリップをあしらったタイル、
ホールン産、1630-40年頃、
ボイマンス美術館、ロッテルダム

超えて、広く浸透していたことを思わずにはいられない。

花にはときの流行があり、花の絵はそれを映し出す。十七世紀前半には、単色から複数色へ、上方がすぼみ、先端部分が外側に反り返る花からあまり湾曲せずゆったりと咲く花へ、という変化があった。そして十七世紀半ば過ぎには、花弁の縁が丸みを帯び、先端部分に不正の切れ込みの入ったパロット・チューリップ（図31）の人気が急速に高まった。[56]

ときを同じくして、花の絵の中に占めるチューリップの重要性は徐々に小さくなり、描かれる数も少なくなってゆく。代わって、八重の花、小花をたくさんつける花、茎が細く曲がりくねる花がことのほか好まれるようになる。焦点は、一つ一つの花を子細に記録することよりも、いかに華やかな構図を考案するかに移ったようだ。だから、たとえパロット・チューリップが登場したとしても、植物的な特徴を正確に記録しようとした作例に出会うことはまずない。花は、チューリップに限らず、装飾的演出のための数ある小道具の一つに過ぎなくなったという印象が強い。それは、博物的関心と深く結びついていた花の絵が、徐々に絵としての自立性を求めるようになったこととも無縁ではない。

典型的な作例として、ここでは、オランダとフランドルを行き来しつつ制作したヤン・ダーフィッツゾーン・デ・ヘーム（一六〇六―八三／四）の《花瓶の花束》（図32）を挙げておこう。花の大小、

31. マーリア・シビッラ・メーリアン
《パロット・チューリップ》、
水彩、373×300㎜、科学アカデミー文書館、
サンクト・ペテルブルグ

32. ヤン・ダーフィッツゾーン・デ・ヘーム
《花瓶の花束》、
板、油彩、54.6×40.7cm、
個人蔵、ロンドン

33. ウィレム・ファン・アールスト
《銀の花瓶に生けた花束》、
画布、油彩、67.5×54.5cm、1663年、
サンフランシスコ美術館

明暗に変化をつけたこの作品では、非対称性が構図の基本になっている。ボロンヒール（図29）にすでにごく控え目にかいまみえた意匠だが、デ・ヘームはその効果を一段と意識的に追求し始めている。

ユリ、アイリス、バラ、ヨウシュカンボクなどの大ぶりの花は画面を右上から左下に走る対角線に沿って並び、ユリ、麦穂、ケシ、バラなどの細い茎は中央部分から四方にうねって伸びる。花束は、左右対称に行儀よく花が並び、どの花にも均等に光が注いでいたデ・ヘイン（子）、ヤン・ブリューゲル（父）作品（図26、27）にはなかった豊かな立体性と変化に富んだ華麗な動きのなかにある。優先されているのはあくまで動勢をはらんだ構図であり、個々の花はどちらかと言えばそれを引き立てる脇役である。現に、画面の右中ほどのチューリップも、茎をよじり、身をくねらせて咲いている。よく見れば、花弁の端に不正の切れ込みが見えるが、それも、花の特徴の記録というより、優雅な動きの演出の一つに解消している。すでに盛りを過ぎた開ききったチューリップがこのころから絵の中に目立って多くなるのも、同じ理由によるものだろう（図33）。

以後の花の絵は、このデ・ヘームの創り上げた型の圧倒的な影響下で展開してゆくことになる。これ以上ないというほどに盛りだくさんのモティーフを蛇状に並べ、にぎやかな構図を追求したデ・ヘームの弟子アーブラハム・ミニョン（一六四〇–七九）（図34）と、八重の花が群れ咲く中央部に光を集め、豊穣にしてまとまりのある花束の描写に稀代の才能を発揮し、オランダを超えて高い評価を博し

34. アーブラハム・ミニョン
《ヴァニタス・モティーフのある静物》、
画布、油彩、98×78㎝、個人蔵

た女性画家ラヒェル・ライス（一六六四―一七五〇）（図35）は、どちらも、デ・ヘームの花束にあった要素を強調しつつ、デ・ヘームにはない独自の画境を開いた画家である。チューリップは、いずれの作品にも顔を覗かせるが、大きく湾曲して伸びる茎の効果が花よりもまず先に目に飛び込んでくる。

明暗に強弱をつけ、花に主役と脇役の区別を明確につけ、花束を斜めに蛇行する線に沿って配した動きのある構図は、一つ一つの花が重なり合うことなく自己を主張する集合写真的な初期の左右対称の構図に比べ、写実性を増したように見えるかもしれない。しかし、実際にはそうではない。花の絵に描かれる花束は、花の数にしろ種類にしろ生け方にしろ、当初から現実ばなれしたところがあったが、十七世紀も終わりが近くなるにしたがって、空想性がいよいよ高まってゆく。あんなにも数多くの種類のさまざまな花を、小さな花瓶に直立させたり、斜めに倒したりして生けるのは、誰が考えても、どだい無理な話だ。それでなくとも貴重種ばかりなのだから、都合のいい枝振りだけが選べるわけもない。写実はあくまで装いであって、画家が意匠を優先しているのは明らかである。

ただし、個々の花の描写ということになれば、写実の度合いは確実に深化している。ヤン・ブリューゲルとライスが描くチューリップを比べてみよう。片や十七世紀初期に花の画家として頭角をあらわしたヤンは、個々の花を一つ一つの筆触もあらわに描写し、クリームのように柔らかい絵画性を強調する（図27）。一方、デ・ヘームを継いで十七世紀末から十八世紀前半に活躍した画家ラヒェル・ラ

35. ラヒェル・ライス
《花瓶の花》、画布、油彩、88×68.3cm
クリスティーズ、ロンドン（1988年）

イスは、筆跡一つのこさず、緻密に丁寧に描き込み、チューリップに特有の硬質の光沢を見事に捉えている（図35）。十八世紀の詩人はその迫真の表現を「芸術とは呼ぶまい、それは生そのもの」と称え、驚嘆した。[57]二人の描く花は、ともに写実的ではあるが、人間の手や顔料の介在を感じさせぬ「真」ということになれば、やはりライスの描写に軍配が上がろう。

十七世紀第四・四半世紀頃から、オランダでは明朗で、細密な仕上がりの古典主義的様式がとりわけ好まれるようになる。当初より本物の花に代わるような迫真性を尊んできた花の画家たちにとり、それはいわば後れてやってきた、しかし歓迎すべき変化だった。花の画家たちのほとんどは迷うことなく新しい状況に身を委ねていった。古典主義的絵画とは、元来は、神々や人間のあるべき営為を美しく演出して描く絵画を言うが、理想化した自然模倣を標榜する限りにおいては、花の絵であろうとも十分にその潮流に棹さしてゆく余地はある。十八世紀前半に活躍したヤン・ファン・ハイスム（一六八二―一七四九）が図36のような筆跡一つ感じさせぬ作品に取り組んだのも、そうした世の求めるところをいち早く察知したからだ。

彼の作品には、十六世紀末に始まった花の絵の総合と呼ぶにふさわしいモニュメンタルな雰囲気がある。まずはデ・ヘームの動きのある構図の消化・発展である。左上方のヨウラクユリから右下のバラへ続く線に、右上方のユリから左下のシャクヤクに至る線を交錯させ、デ・ヘームを取り入れつつ

36. ヤン・ファン・ハイスム
《花瓶の花束》、
板、油彩、80.6×59.7cm、個人蔵

も、そのアンバランスな偏りを巧みに緩和しようとしている。その結果、動きと安定感という、相反する要素がファン・ハイスム作品には同居することになった。一方、ライスの追い求めた豊穣さは明るい光のなかで一段と豪奢に演出されている。黄金色に染まる後景は、硬質になりがちな個々の花の描写を見事に和らげ、同時に、時代の牧歌趣味にも応えてもいる。花弁が幾つも重なる八重の花、小花を数多くつけるプリムラ、ヒヤシンス、ヒエンソウなどの花の選択も、至福の雰囲気を盛り上げる。どれもファン・ハイスムが好んで取り上げた常連の花ばかりである。チューリップは、そうした群れ咲く花のなかにあって、花も茎も驚くほどすっきりとして見える。ロウを塗ったような花弁の質感も花束のなかにあってかなり異質だ。ファン・ハイスムは、人気の盛りを過ぎたチューリップに意識的にアクセントの役割を振り当てたのかもしれない。

ファン・ハイスムの花の絵にかいま見えた古典主義の傾向は、その後、ヘーラルト・ファン・スパーンドンク（一七四六―一八二二）に至って、極端な洗練の道を進んでいった（図37）。いかなる細部も見逃さず、技巧の限りを尽くして描かれた花。そこには、しかし、ファン・ハイスムになお残っていた生きた花の感触はもはやない。ヨウラクユリ、ヒエンソウ、バラ、シャクヤク、そしてビザール系チューリップがいかにも絢爛と咲き誇っているが、あまりに精巧な乾いた仕上がりからは、無機的な冷たさばかりが伝わってくる。花は、ファン・スパーンドンクの冴えた超絶技巧のゆえに、かえっ

37. ヘーラルト・ファン・スパーンドンク
《アラバスターの壺の花束》、
画布、油彩、79.5×63.5㎝、
1783年、個人蔵

38. ロバート・ソーントン
《チューリップ》、
『フローラの神殿』(1798-1807年）より

て最後の生の滴を絞り取られ、人工的な造花に変ってしまったかのようだ。

彼が描いたのは、花の絵であって花の絵ではない。咲いているのは「美しい花」という理念の花だ。迫真を追い求めた果てに得た「真」の冷徹な輝き。鏡像にも似たその世界は、ルネサンス以来、ミメーシスを基本として展開してきた西洋の絵画芸術の自己崩壊を予告するようにも見える。花束の中央でポッキリと折れるチューリップの茎は、その意味で、いかにも象徴的である。この先、絵画は自然を模倣する仕事を棄て、事物を現象させる光や、それを捉える主体の側へと関心を移してゆく。花は、そうしたなかで、なお絵画の主題になることはあっても、その種別が問われることは少なくなる。それまで花の絵が担ってきた記録の側面は専門の植物画（図38）や写真に託され、装飾的な側面は工芸家たちに道を譲ることになる。チューリップについていえば、栽培方法が徹底した産業化の道を歩み始め、もはや特別な植物として文化的に語る対象ではなくなる。チューリップの肖像も、だから、ファン・スパーンドンク以降は稿を改め、視点を変えて試みる必要があろう。

## 第五章　むすび

「太陽の輝きが翳ると、この花［チューリップ］はぐったりと萎んでしまう、われらの真実も、その花に似て、天上の光がなければ消え失せる」と十六世紀のカーメラリウスは詠う。[58] ここでは、太陽がキリストもしくは神に、チューリップがキリスト教徒もしくはその敬虔の念に喩えられているのだが、それは、当時の文学の中にあって決して孤立した発想ではなかった。信じられないほどの人気を呼び、十七世紀オランダ人の脳裏にその美しい姿を深く刻みつけたチューリップは、ユリやバラなどの古くからのシンボルの花を押しのけて、人々の想像力を刺激し始めていたのである。だからこそ、植物学的な問題はともかくとして、ザカリアス・コルネーリスゾーンをはじめとした人々は、シャロンの一輪のバラ、一輪の谷間のユリがチューリップであり、他に秀でた花だったという確信を抱くに至ったのであろう。

ヤーコプ・カッツの著作『結婚……』（一六二五）には、《乙女の紋章》（図39）と題された一枚の図版が掲載されている。[59] 周囲に蜂の群れ飛ぶ閉じたチューリップ。その絵を挟んで立つ二人の女性。右の乙女の手にとまるオウム、左の乙女が腕にかける刺繍は、いずれも「純潔」の徴である。上部のモットーには「秘してこそ花」とあり、解説では、誘惑のただなかにあって純潔を守る若い女性が、蜂の群れ飛ぶなかで堅く花弁を閉じる花に喩えられている。つまり、図39のチューリップもまた純潔のシンボルというわけだ。解説を読む限り、描かれるのは閉じた花であればどんな花でもよかったはずなのだが、版画の作者はあえてチューリップを選んだ。『結婚……』が発刊された一六二五年頃にはチ

39.《乙女の紋章》、
ヤーコプ・カッツ『結婚…』
（1625年）より

ューリップが何かと話題を呼び始めていたはずだから、チューリップなら本文の説得性も注目度も高まると判断したのかもしれない。しかし、もう一つ、別の理由を考えてもよいのではないか。ここで、チューリップに聖なる純潔の意味を見出そうとしたコルネーリスゾーンのような人々がいたことを思い出してみよう。聖から俗へとシンボルを移行させれば、チューリップはたちまち世俗の純潔の徴にもなり得るのである。シンボルが聖・俗の間を揺れ動くのは象徴の歴史のなかでそう珍しいことではない。

チューリップの花が咲く様は天上界から滴たる甘露を享ける杯に似ている、とあるトルコの詩人は形容する。[60] この世の美徳も天上の恩寵も、新来の人気のチューリップに、甘美なる露となって注がれる。十七世紀のチューリップは、そうした文化的背景を共有する者たちによって、文学、風刺的小冊子、花譜、そして絵画のなかにその肖像を刻み込んだ。チューリップが「シャロンのバラ」と重なり合い、マリアのごとく罪なきものとなり、人の美徳の徴であればこそ、欲に目のくらんだ罪深きフローリストたちの愚かしさ、哀しさはいや増したであろうし、他の花にもまして積極的にチューリップの花は描き継がれたのではないだろうか。

◎註――**著者名と刊行年で記した文献略称については「主要文献一覧」（二三四―二三六頁）を参照されたい。**

1 小冊子の多くは Krelage 1942, Damme 1976 に収録されている。

2 Krelage 1942, pp.78, 87

3 十七世紀当時のオランダ語聖書により訳出。十七世紀オランダに関しては以下でも同じ聖書を訳出し、引用した。

4 Boyle, *A Free Enquiry into the Vulgarly Received Notions of Nature*, London, 1685/86, p.50. なお、同個所に関してはすでに Segal 1993, p.9 に指摘がある。

5 P・コーツ『花の文化史』（八坂書房、一九七八）七六頁には「野のユリ」がチューリップだと考える人もいる、との指摘がある。

6 マリアの象徴表現についてはG・ハインツ＝モーア『西洋シンボル事典』（野村太郎他訳、八坂書房、一九九四）二八六頁を参照されたい。チューリップをマリア、キリスト教と関連させた著書は皆無ではないが、いずれも十七世紀に入ってからのものである。D'Ancona 1977, p. 390 を参照されたい。

7 Pierre Belon, *Les Observations de Plusieurs Singularités*, Paris, 1555, vol.3, p.208. ただし、同個所については Pavord 1999, pp.58-60 を参照した。なお、同書の翻訳であるパヴォード二〇〇一、三三頁では、神聖ローマ帝国の駐トルコ大使ブスベックがこの記述をした、となっているが、原文からは、明らかにフランス人のピエール・ベロンが記述したと読める。

8 Pavord 1999, p.60; パヴォード二〇〇一、三三頁

9 雅歌の「シャロンのバラ」はアネモネ、「谷間のユリ」はヒアシンス、クロッカスであるとする説もある。それぞれP・コーツ、前掲書、一三六頁及び H.& A.L. Moldenke, *Plants of the Bible*, 1952, p.87,

114を参照されたい。ちなみに「谷間のユリ」は「スズラン」とも訳せる。

10 たとえば本書に翻訳が掲載されているウィルフリッド・ブラント『チューリップ狂時代』（五五頁）は従来説の一例である。ブスベックは一五五四年の十二月に赴任地のコンスタンティノープルに着いた。彼の手紙では、その旅の途中でチューリップを見たことになっている。しかし、彼の手紙は実際には後に回想の形で書かれた回想録（一五八一刊行）であることが判明し、一五五四年に見たという記述の信憑性に疑いが持たれるようになってきた。その結果、現在では、早くともブスベックの二回目のコンスタンティノープル訪問の折り、すなわち一五五八年春あるいはそれ以降の目撃談ではないかと考える研究者が多い。これに伴い、チューリップの名はトルコ語のターバンに当たる言葉「ドゥルベンド」をブスベックが花を指す言葉と勘違いしたことに始まる、との説にも疑問が持たれ始めている。ダッシュ二〇〇〇、六一頁ほかを参照されたい。

11 註8を参照されたい。

12 H. Zoller & M. Steinmann, *Conradi Gesneri Historia Plantarium.....*, Dietikon & Zürich, 1987-91, vol. 2, no.476, pp. 110-111

13 Segal 1992, pp. 3, 21

14 Pavord 1999, p. 67

15 D'Ancona 1977, p. 390. 若桑みどり『薔薇のイコノロジー』、青土社、一九八四、四八頁。Segal 1992, p.195

16 Segal 1992, p.195. なお、D'Ancona 1977, pp. 390-91 には、ギルランダイヨ、ジャンピエトリーノ作品にもチューリップが描かれているとあるが、セハールはこれについても否定している。ダッシュ 二〇〇〇、五八頁には、旧来レオナルド作とされ、現在は弟子のメルツィ作とされている《聖母と幼いイエス》にチューリップが描かれているとの言及がある。この作品については、ダッシュが作品の出所、所在を明記していないこともあり、現時点でなお作品の同定に至っていない。

17 Valerius Cordus, *Annotationes in Pedacij Dioscoridis...*, Strasburg, 1561 に収録された Conrad Gesner, *De hortis Germaniae liber recens* 中の記述。引用に際しては Pavord 1999, p.65 を参照した。

18 H. Zoller & M. Steinmann, op. cit., vol. 2, no.22, p. 18. 以前にケントマンから送られてきていた図に従い、ゲスナーあるいは周辺の誰かが一五五七年の時点で描いた水彩画であろうと推測されている。Segal 1992, p. 21 の註6を参照されたい。

19 註17に挙げた Cordus の著書に添付したゲスナー論文。

20 ダッシュ 二〇〇〇、七〇―七四頁

21 Carolus Clusius, *Rariorum adiquot stirpium per Hispanias observatorum historia*, Antwerpen, 1576 の Appendix

22 Visscher, *Sinnepoppen*, Amsterdam, 1614, no. 5

23 Rembert Dodoens, *Florum et Coronarium Odoratumque Nonnullarum Herbarum Historia*, Antwerpen, 1568, p. 206

24 年代記作家ワッセナールによる。当該の部分は Damme 1976, p.16 に収録されている。

25 詳細は一六三七年に出た小冊子 Roman 1637, Ⅱ に詳しい。なお同冊子の原文は Damme 1976, pp. 57-58 に、その概要と抜粋訳は本書二三七―二七五頁に採録されている。わかりやすい要約、解説についてはダッシュ 二〇〇〇、一九八―二〇一頁も参照されたい。

26 ファン・ホイエンの取引はダッシュ 二〇〇〇、一三四―一三六頁及びパヴォード 二〇〇一、一四〇頁に紹介されているが、いずれも数字が不正確である。本稿は Damme 1976, pp. 21-22 に採録された公証人記録に遡っての記述である。

27 Krelage 1942, p. 82. この部分はダッシュ 二〇〇〇、二二〇頁では「……小麦二四トン……ライ麦四八トン……八ギルダーのビール樽四つ……バター二トン……チーズ二、〇〇〇ポンド……」と訳出されている。しかし、たとえば舟二艘分のニシンの重さを小麦の重さと換算するなど、数字は正確ではない。小麦の場合の舟二艘分は実際には六、〇〇〇リットルとなる。パヴォード 二〇〇一、一四五頁に訳された数字も不正確である。小麦以外の数字も、当時の度量衡を基本に算出すると、本稿で言及する数字になる。度量衡に関しては *van Dale Groot Woordenboek der Nederlandse Taal*, Utrecht/Antwerpen, 1982（第一〇版）中の各単位に関する言葉の用例部分を参照した。

28 Damme 1976, pp. 92-93 に売却価格一覧表が採録されている。元来はアルクマール市の孤児院文書。

29 Damme 1976, p. 28

30 Roman 1637, I 原文については Damme 1976, pp. 46-48 を参照されたい。Krelage 1942-2, p. 80ff, ダッシュ 二〇〇〇、二二六頁以下も同個所に基づいて記述している。残念ながら、本書に掲載された部分訳（二三七-二七五頁）に該当の個所は含まれていない。

31 Roman 1637, Ⅲ. 原文については Damme 1976, pp. 62 を参照されたい。ダッシュ二〇〇〇、二三〇頁も同個所に基づいて記述している。

32 Krelage 1942, p. 172; Damme 1976, p. 63 に原文が採録されている。

33 Krelage 1942, p. 284; Damme 1976, pp. 65-66 に原文が採録されている。

34 小冊子に関する情報については註1を参照されたい。

35 Damme 1976, p. 111

36 Garber 1989

37 Roman 1637, Ⅲ. 原文については、Damme 1976, pp. 60 を参照されたい。

38 Pier Andrea Mattioli, *Commentarii in sex Libros Pedaii Dioscoridis*, 1565. ドドネウス、クルシウスの著書に関しては註23、21を参照されたい。

39 Matthias de L'Obel, *Plantarum seu stirpium icones*, Antwerpen, 1581

40 Segal 1992, p. 5

41 Chrispijn de Passe de Oude & de Jonge, *Hortus Floridus*, 1614

42 論文部分は Damme 1976, pp. 18-21 に採録されている。

43 Basilius Besler, *Hortus Eystettensis*, 1613. なお、近年、以下のリプリント版が出ている。Barker 1994

44 Emmanuel Sweert, *Florilegium*, Frankfurt, 1612

45 以上の球根の値段に関しては『ワールモントとハールフートの対話』に拠った。Damme 1976, pp. 60-61を参照されたい。

46 H. van Oosten, *De Nederlandsen Bloem-hof...*, 1700. と Segal 1992, p. 11 を参照した。

47 G. Hoefnagel & G. Bocskay, *Mira Calligraphiae Monumenta*, 1590 年代。現在マリブのポール・ゲッティ美術館の所蔵。

48 パヴォードは、青の部分が元来の緑の退色の結果だとすれば、この花は花弁の中央部分に緑の波線が走る「ヴィリディフローラ」かもしれないと推測している。パヴォード 二〇〇一、四四頁を参照されたい。

49 Nicola Robert, *Les Velins de Roi,* 1600年代半ば頃
50 花の絵の発祥と展開に関しては 小林 一九九四 を参照されたい。
51 Tokyo 1990, p.142を参照されたい。
52 フェデリコ・ボッロメーオ卿に宛てた一六〇六年四月十四日付けの手紙。
53 この辺の事情については 小林 一九九四 を参照されたい。
54 S. Segal, *Bloemlijk verleden*, Amsterdam, 1982, p. 40
55 ボロンヒールの絵の価格に関しては Bredius, *Künstler-Inventare,: Urkunden zur Geschichte der Holländischen Kunst des XVI., XVII., und XVIII. Jahrhunderts*, 8 vols, The Hague, 1915-22中のボロンヒール作品に言及した個所を参照した。
56 東京 一九九〇、二五頁
57 ルクレティア・ウィルヘルミーナ・ファン・メルケンの一七五〇年の詩。東京 一九九〇、八頁を参照されたい。
58 Joachim Camerarius, *Symbolorum et Emblematum*, 1590, vol. 1, p. 176
59 Jacob Cats, *Huwelyk. Dat is de gansche gelegenheyt...*, Middelburg, 1625
60 Segal 1994, p.8

## ◎主要文献一覧

D'Ancona 1977　Mirella Levi D'Ancona, *The Garden of the Renaissance. Botanical Symbolism in Italian Painting*, Firenze, 1977

**Antwerpen 1993**　Exh.cat. red.by F.de Nave, *Botany in the Low Countries*, Plantin-Moretus Museum, Antwerpen, 1993

**Barker 1994**　Nicolas Barker, *Hortus Eystettensis. The Bishop's Garden and Besler's Magnificent Book*, London, 1994

**Damme 1976**　A.van Damme, *aantekeningen betreffende de geschiedenis der bloembollen*, Leiden, 1976

**Dash 1999, ダッシュ 二〇〇〇**　Mike Dash, *Tulipmania—The story of the world's most coveted flower and the extraordinary passions it aroused*, London, 1999.（明石三世訳『チューリップ・バブル――人間を狂わせた花の物語』、文春文庫、二〇〇〇）

**Garber 1989**　Peter M.Garber, 'Tulipmania', in *Journal of Political Economy*, vol.97 no.3 (1989), pp.535-561

**Krelage 1942**　E.H.Krelage, *De pamfletten van den Tulpenwindhandel 1636-1637*, The Hague, 1942

**Krelage 1942-2**　E.H.Krelage, *Bloemenspeculatie in Nederland. De Tulpomanie van 1636-37 en de Hyacintenhandel 1720-36*, Amsterdam, 1942

**Murray 1909-1910**　W.S. Murray, 'The introduction of the tulip and the tulipomania', in *Journal of the Royal Horticultural Society* XXXV (1909-1910), pp.18-30

**Pavord 1999、パヴォード 二〇〇一**　Anna Pavord, *The Tulip*, London, 1999（白幡節子訳『チューリップ――ヨーロッパを狂わせた花の歴史』、大修館書店、二〇〇一）

**Posthumus 1926; 1927; 1934**　N.W. Posthumus, 'De speculatie in tulpen in de jaren 1636 en 1637', in

*Economisch-historish Jaarboek* XII (1926), p.3-99; XIII (1927), p.1-85 en XVIII (1934), p.229-240

Posthumus 1929　N.W. Posthumus, 'The Tulip mania in Holland in the years 1636 and 1637', in *Journal of economic and business history*, vol.1, no.3 (May 1929), pp.434-466

Roding 1993　Ed.by M.Roding et al., *The Tulip: a Symbol of Two Nations*, Utrecht et al., 1993

Roman 1637　Ed. by Adriaen Roman, *Samen-spraeck Tusschen Waermont Ende Gaergoedt, Nopende de opkomste ende ondergangh van Flora*, I-III, Haarlem, 1637（本書の二三七-二七五頁に抜粋訳あり）

Schama 1987　Simon Schama, *The Embarassement of Riches—An Interpretation of the Dutch Culture of the Golden Age*, London, 1987, pp.350-365

Segal 1987　Sam Segal, *Tulips by Anthony Claesz*, Maastricht, 1987

Segal 1992　Sam Segal, *De tulp verbeeld*, Hillegom, 1992（英訳が *Tulip Portrayed : The Tulip Trade in Holland in the Seventeenth Century* として Roding 1993 に収録されている）

Segal 1994　Sam Segal & Michiel Roding, *de Tulp en de kunst*, Zwolle, 1994

Sloot 1993　Hans van der Sloot, *tulp 400 jaar*, Schiedam, 1993

Taylor 1995　Paul Taylor, *Dutch Flower Painting 1600-1720*, New Haven & London, 1995

Tokyo 1990、東京 一九九〇　Exh.cat. ed.by Sam Segal, *Flowers and Nature*, Station Gallery, Tokyo et al., 1990（『花の系譜』、小林頼子訳、東京ステーションギャラリー、一九九〇）

Washington 1999　Exh.cat. ed.by Arthur.K.Wheelock, *From Botany to Bouquets. Flowers in Northern Art*, National Gallery of Art, Washington, 1999

小林 一九九四　小林頼子『花のギャラリー』、八坂書房、一九九四

# ワールモントとハールフートの対話

## ——フローラの興隆と衰退をめぐって

翻訳＝小林頼子・中島 恵

以下は、*Samen=spraeck tusschen Waermondt ende Gaergoedt, Nopende de opkomste ende ondergangh van Flora. Gedruckt te Haerlem* by Adriaen Roman, Boeckdrucker, wonende inde Groote Hout-straet inde Vergulde Parsze, Anno 1637（『ワールモントとハールフートの対話－フローラの興隆と衰退をめぐって』、フロート・ハウトストラート在住の出版業者アードリアーン・ローマンによりハールレムにて1637年に刊行）の抜粋訳である。翻訳にあたっては N. W. Posthumus, 'Notes and Documents. The Tulip Mania in Holland in the Years 1636 and 1637', in *Journal of Economic and Business History*, vol.1, no. 3 (May 1929), pp.434-466に掲載された英文抜粋訳を典拠とし、適宜、原文を参照した。

1630年代半ばにチューリップ・バブルに襲われたとき、オランダでは投機家たちを諷刺する数多くの小冊子（パンフレット）が刊行された。『ワールモントとハールフートの対話』はそのなかで飛び抜けて情報量が豊富で、引用されることの最も多い基本文献として知られている。一昨年、昨年に邦訳も出た Dash 1999, Pavord 1999 など、チューリップ・バブルに言及したほとんどすべての本は、このパンフレットの情報に基づき論述しているといっても過言ではない。

全体はワールモント（正直者の意）とハールフート（欲張りの意）との対話３編から成り立っている。ハールフートは、チューリップの球根取引がどんなに儲かるか、競りはどんなふうに行われるか、1636-37年冬にどんなチューリップがどのくらい値上がりしたか、その高値の相場がいかに崩壊したか、その後始末はどのように行われたかを、真っ当な市民として終始慎重な態度を崩さないワールモントを相手に話してゆく。ハールフートの提示する球根価格などの情報の典拠は示されていないが、出てくる数字は信憑性が高いとされている。本冊子は、初版の後、1643年に再版が出た。そして100年後の1734年には、さらなる情報を新たに加えた改定版も出ている。

なお、本書では、英文抜粋訳で省略されている球根の名と重量と値段の一覧表を272-274頁に補足して掲載した。また、276-277頁には球根の実物大見本を参考資料として掲げた（Damme 1976, p. 34 より）。

なお、副題にある「フローラ」とは元来は花の女神であるが、ここではとりわけチューリップの女神といった意味が強い。

## ◎第一の対話（一六三七年）

ワールモント　神様のおかげで今日もいい日だ、ねえ、親愛なるハールフート君。元気にしてるかい？

ハールフート　ああ、万事うまくいってるよ、僕も、それからフローリスト諸君も、ね。[1]　みんな楽しくやってるし、不満もない。まあ、入れよ。火のそばでちょっと話しでもしよう。

ワールモント　ありがとう。でも、行かなくちゃならぬところがあるんだ……。

ハールフート　なに、そんなに急がないんだろう？　君に教えとかなきゃならぬことがあるんだ。行きたきゃ、行けばいいがね……。

ワールモント　やれやれ、わかったよ。君の望みとあっては、断れないか……。

ハールフート　まあ、掛けたまえ。
おい、アン、薪と泥炭を持ってきてくれ。大切な古い知り合いと話があるんだ。お前、一体、こんなに長い間、どこへ行ってたんだ？　ともかくブランデーのボトルを持ってきてくれ。
ワールモント君、君はスペイン産ワインがお好みかい？　それとも極上のフランスワインか、とびきり旨い生ビールにするかい？
ワールモント　そんなに並べ立てられても、選べないよ。
ハールフート　僕らフローリストたちは、いまなら欲しいものは何でも手に入る。ちっぽけなチューリップの球根一つで、何だって買えるんだ。
ワールモント　支払いに滞りがなけりゃ、言うことはないがね。せっせと小麦の種を播いても、刈り入れるのは切り株だけ、なんていう農夫はごまんといるからなあ。
ハールフート　ああ。でも、この商売は手堅いよ。まあ、飲もう。乾杯！
ワールモント　ありがとよ。乾杯！　旨いねえ。
ハールフート　これもすべてありがたい花の女神フローラ様のおかげさ。ついこの間なんか、ブランデー製造業者に会って、一瓶飲んだんだけど、小さな球根を一つくれてやって、それでおしまいさ。最近じゃ、みんなこんな調子だ。肉も、ワインも、ビールも、な。どれもただで手に入る。この一年でずいぶんたくさんの取引をしたよ。
ワールモント　何ともうまい商売だな、そんなに楽してそこまで儲かるなんてさ。店屋も労働者も、みなひどく金回りが悪くて、ちっぽけな収益に喘いでるっていう御時世なのに。貿易商たちだって手痛い損害を受けたって話だぜ。海賊にはやられるわ、嵐で品物は水浸し、時にはひとつ残らず水の泡だってさ。

ハールフート　ああ、その話なら知ってる。だがな、せっかく花を手に入れたんだ、がっぽり稼がない手はないだろう。それに、ここだけの話、僕はもうすでに六〇、〇〇〇ギルダー以上も儲けてるんだ[2]。それもわずか四ヶ月の間にだぜ。おっと、繰り返すには及ばないよ。

ワールモント　そりゃ確かに大儲けだな。ところで金はもう受け取ったのかい？

ハールフート　いや、現金はまだだ。でも、署名入りの書類は貰ってる。

ワールモント　そうか。だが、それにしても、思わず便乗したくなるような話だな。

ハールフート　君がその気なら、球根をいくらか分けたっていい。君はいい奴だし、僕の大切な友人だから、通常より五〇ギルダー安くするよ。それから、もしも一ヶ月のうちに君の儲けが二五〇ギルダーに及ばなかったら、その分は僕が埋め合わせるよ。

ワールモント　ああ、何と言ったらいいんだろう。言葉もないほどすばらしい申し出じゃないか？　でも、それを手に入れたとして、どうやって捌けばいいんだい？　みんなが僕のところへやってくるのかい？　それとも僕が出掛けていって、交渉するのかい？

ハールフート　まあ聞け。まず居酒屋に行くんだ。なに、あとでいい場所を何軒か教えてやる。仲間のいないところはほとんどないからね。そこへ行って、フローリストがいるかどうか、尋ねるんだ。

フローリストたちのいる部屋に通されたら、新参者の君に向かって誰かがアヒルみたいにガアガアとうるさくわめき立てるだろう。「娼家に新入りがお出ましだ」なんて言う奴もいるだろう[3]。だが、気にするな。言わせておけ。

ともあれ君の名前が一枚の石板に刻まれる。それから複数の札が行き交う。競りに加わる者は誰でも札を出さなきゃならないんだ。さっきの石板の上の方に名のある者から始める。札を手に取ったやつがいたら、そいつは球根を欲しがってるはずだ。球根は大っぴらに競りにかけちゃいけないんだ。会話の中でそれとなくほのめかして、誰かがのってきたら、指し値が入った、君の球根に札が入った、と思っていい。

もし、君の球根に札が入ったら、売り手と買い手それぞれが一人ずつ仲介人を選ぶ。まず売り手、つまり君が仲介人のところへ行って、球根に例えば二〇〇ギルダーの値を付ける。仮に一〇〇ギルダーの値打ちだったら、その二倍をふっかける。次に買い手の番。買い手が請求額を聞いてひどく腹を立て、同じぐらい法外な安値を付ける。そこで、それぞれの仲介人が適正な価格を見定め、売り手と買い手が自分の札に書いておいた数字に棒線が引かれる。続いて仲介人が価格を大声で読み上げる。君がその価格に納得するなら、札の棒線はそのままにしておけばいい。もしも売り手と買い手がどちらも引かれた棒線を残していたら、取引成立さ。だが逆に、二人とも棒線を消してしまったら、取引も白紙に戻る。もし一方だけが棒線を残したならば、もう一方、つまり棒線を消した方が、あらかじめ仲間同士で決めていた心づけ《ワイン・ヘルト》を払わなくちゃならない。[4] 居酒屋によるが、たいていは二―三スタイフェル、高いところでは五―六スタイフェルなんて場合もある。取引が成立した場合は、買い手が何がしかの心づけ《ワイン・ヘルト》を出すことになってる。一ギルダーにつき半スタイフェルが相場だ。取引額が一二〇ギルダー以上なら一律三ギルダーの心づけ《ワイン・ヘルト》。総額が一、〇〇〇ギルダーを超えても三ギルダー支払えばいい勘定だ。

ワールモント　その心づけ《ワイン・ヘルト》は何に使うんだ？

ハールフート　もちろん酒を飲む。タバコにワイン、煖炉にくべる薪や炭、ランプの油。あとは乞食と売春婦たちへの施しだな。

ワールモント　そんなに大きな額になるのか？

ハールフート　ああ。心づけ《ワイン・ヘルト》はたいていそれでも余る。何軒かの居酒屋を回って取引に参加すると、出かけた時よりずっと多くの金を持ち帰ってくることだってある。ワインやビールを飲み、タバコを飽きるほどくゆらし、あぶって美味しく調理した魚、牛や豚、鳥、兎をたらふく食ったものさ。仕上げにデザートもな。それも朝から夜中の三時か四時までだ。

ワールモント　そんなごちそうじゃ、さぞかし気分もよかろう。

ハールフート　もちろんさ。しかも、しこたま儲けてるんだ。心づけ《ワイン・ヘルト》三ギルダーを六回か七回は手にしたよ。なんといっても一二、〇〇〇ギルダー近く取引したからな。心づけ《ワイン・ヘルト》の三ギルダーは、まるで雨降りに屋根から滴りおちる水の粒みたいに次から次へと降ってきたさ。

ワールモント　まったく聞いたこともない話だな。だが先はどうなるんだ？　そのまま調子よく続くのかい？

ハールフート　あと二、三年続いてくれたなら、僕としては十分なんだがね……。

＊＊＊

ハールフート　まあ、もう一杯やろうじゃないか。で、君が僕の球根を買う気なら、書類で渡すよ。もちろん別の方法でもいい。望みどおりにするよ。球根のリストがあるから、そこから好きなのを幾つか選んで、持っていくがいい。もちろん、その前に事情に詳しいやつのところへ行って、相談したって構わない。

ワールモント　気前のいい話だが、乗っていいものかどうか、わからないよ。いったん始めてしまったら、手を引けなくなってしまいそうで、怖いんだ。もう一度、もう一度って、ズルズル行きそうだ。波がどんどん広がるみたいに、一度手を出したら、きっと次も次もということになる。だから、たとえ地味でもいままでどおり、自分の仕事を続けていく方が僕にはいいように思える。大儲けもないかわりに、大損もしないからな。
ハールフート　確かに君の言うとおりだよ。でも、ほんのちょっとでいいから賭けてみないか？夏まで一銭も払わずにいて、それから全部売ってしまえばいい。あるいは多少の余裕があるなら、君自身が球根を育てればいい。その方がもっと金になる。
ワールモント　金に余裕のあるやつには申し分のない話だな。だが僕にはいいアドヴァイスとは思えないんだ。いまはわずかでも金があったら、自分の商売につぎ込まなくちゃならないんだよ。
ハールフート　君の商売じゃ、売り上げのわずか一〇パーセントを手にするだけだろ。それも細心の注意を払ってようやく手に入る。だがフローラを、チューリップの球根取引を考えてみろよ、一〇〇パーセント君のものさ。それどころか利益が一〇倍、一〇〇倍、時に一、〇〇〇倍に跳ね上がることだってあるんだぜ。
ワールモント　確かに、あれほど身を粉にして働き、両親を奴隷のようにあくせくと働かせても無駄だった。そんなふうに儲けられるなら、商人たちが取引のスタイルをしっかりさせて海外の市場に商品を投機したり、子供たちが貿易を学んだり、農夫たちが農地に種を播いてせっせと働いたり、船乗りが苛酷で危険な海に漕ぎ出していったり、兵士がわずかな益に命を賭けたりする必要なんてなくなるなあ……。

ハールフート　ここに球根のリストがある。僕の手元にまだ残っているとっておきのやつのリストだ。

アドミラール・ファン・エンクハイゼン
アドミラール・ファン・エングラント
アドミラール・クレインチェンス
アドミラール・ファン・ホールン
アドミラール・リーフケンス
アドミラール・デ・マン
アドミラール・ロトハンス
アドミラール・ファン・エイク
アドミラール・ヘルデル
アドミラール・カーテライン
アドミラール・ファン・ウェーネン
アンヴェルス
アルヘンティィールス
アレクザンデル

---

アウデナールデ
ブライン・プルペル
ブランデンブルヘル
ビュゼロー
ブスヒャイト=バッケル
ブラバンソン
ブラバンソン・スポール
ブラールト
ブライト・ファン・ハールレム
ブライト・ファン・エンクハイゼン
ブレイエンボルヘル・フルッフ
ブレイエンボルヘル・ラート
ビュッテルマン
ブランソン・クロンプマーケル

コーレナールト
クローン・ヘール
クローン・ウィット
クローン・フェアケールデ
コルンベイン・デ・メーステル
カメロット・クロムフット
コルンベイン・メット・ウィット、ロート・エンデ・
　アルヘンテイン
カメロット・コーパル
チェネクルト
チェント
カエザル
ドクトル・バルテン
デイク・メーン・イック
ドゥック・フローリィ
ドラベッラ
エルスフィール
エフモントあるいはレヒテル=オーホ

ファブリ
ハウダ
ヒーデオン
ヘブルトスト
ヘーネラール・ド・マン
フデールデ
フフラムデ・ファン・チェネクルト
ホリアト
ヘール・エンデ・ロート・ファン・レイデン
ヘネラリッシモ
フマルメルデ・ファン・カール
フマルメルデ・ファン・ホーイエル
ヘネラール・ニーウランデル
フレッベル
フロート・スタンダールト
フロート・フプルミツェールデ
フー・ランゲル・フー・リーフェル
ハーヘナール

ヘレナ
ヨーレイ・ナビィ
インカルナデイン・フフラムト、ファン・クアーケル
インカルナデイン・ブランソン
ユフラウ
ヤン・ヘリッツゾーン
ラトゥール
ヘット・ラント=ジュウェール
ル・グラン
ラック・パスポールト
ラック・ファン・レイン
ラック・デ・ホーホ
ラック・ピーテル・クリスティアーンスゾーン
リオン
モーイチュス・モーイ
マックス・ファン・デ・プリンス
メーテルマン
マルヴェイユ・ファン・クアーケル

モーイ・デイク
メルクリウス
ノンス・ウィット・フルッフ
ノンス・ウィット・ラーテ
ネット・ブランソン
ニーウランデル
ニーウボルヘル
オリンダ
パルセマーケル
プルペル・エンデ・ウィット・イェルン
プルペル・エンデ・ウィット・フェルウィント
プルペル・エンデ・ウィット・ボスヒャールト
プルペル・エンデ・ウィット・ラーケルマン
プルペル・エンデ・ウィット・カーメル
ペーレル
パルト
プロフェニール
ペッテル

プレゼント・リーフケンス
パラゴン・リーフケンス
レイスウェイケル
ロート・エンデ・ヘール・フェルウィント
ロート・エンデ・ウィット・フェルウィント
ラッテベート
ローシェン
サーイブロム・ファン・スポール
サーイブロム・ファン・コーニンク
サーイブロム・ファン・ボル
サーイブロム・ファン・フメーネ
ゾーリ・リーフケンス
ズウェンメンデ・ヤン・ヘリッツゾーン
セイルストラート
スピッツ・ラック・ファン・クアーケル
スピルデル

---

スフレインウェルケル
スキピオ・アフリカーヌス
スピンネコップ・フェルベーテルデ
トゥールロング
トゥルナイ・カーテライン
トゥルナイ・ヘームスケルク
ツルパ・ビッテル
ツルパ・スタム
ツルパ・ヘルデル
ツルパ・レイナウト
トロヤーン
ヴィス・ロア
フィオレット・フボールト・ロットハンス
ヘト・ウェースキント
ウィット・メット・ロー・ティッペン

ハールフート　幾つかは、大小のものをはじめ複数持ってる。どれも値打ちによって分類してあるんだ。そのうち君も、ウィット・クローンやヘール・クローン、スウィツセル、レイスウェイケル、フビースデ・ファン・コーレナールトといった一ポンド幾らの廉価品から、一球一、〇〇〇アース[5]のアドミラール・デ・マン、ヘール・エンデ・ロート・ファン・レイデン、アウデナールデ、コーレナールト、チェントなんかの一級品までが必要となるだろうね。僕の手元には、ほかにも球根がたくさんある。おそらく八〇、〇〇〇—九〇、〇〇〇ギルダー分はあるね。

ワールモント　君はこの商売にかなりの心づけ《ワイン・ヘルト》をつぎ込んできたようだな。

ハールフート　ああ、確かにそのとおり。だが、そうしてきたことを嬉しく思っている。心づけ《ワイン・ヘルト》は手紙に押す封蠟みたいなものさ。

ワールモント　僕だったら、そんな多くの金は集められないだろうな。

ハールフート　そりゃあ最初のうちは、僕にだって難しかったさ。持ち出せるものはすべて売りに出したし、家だって担保に入れた。何としても元手が必要だったし、コネだってつくらなくちゃならなかった。だけど、それがうまくいって、大量の球根を一度に売りさばいてからというもの、つねにお金と縁がある。球根で稼いだ金でこの銀器もみな手に入れた。こうやってある商品から別の商品へと変えてゆく。まるで航海のようだ……。

＊＊＊

ハールフート　十月の初めだったか、終わりだったか、ついこの間の球根の植え付けが行われたときには、値が見る間に上がって、ずいぶんと高値をつけた。取引が殺到し、競りが一時中断されるほどだった。オランダのある街では一、〇〇〇万ギルダー以上もの球根が売買された、と聞いた。

そのうちの幾つかを説明すれば、君も多少は事情が分かるようになるだろう。かぎ爪さえ見れば、ライオンが見分けられるようにね。

たとえば、植え付け済みの重さ五一五アースのヘール・エンデ・ロート・ファン・レイデンは、初め四六ギルダーで取り引きされていた。ところが後には五一五ギルダーにまで高騰した。四アースのハウダは当初の二〇ギルダーから二二五ギルダー、一三〇アースのアドミラール・デ・マンは一五ギルダーから一七五ギルダー、一〇アースのへネラリッシモは九五ギルダーから九〇〇ギルダーにまで跳ね上がったんだ。地中に眠るほかの球根も似たようなものさ。だが、この高騰もわずか一ヶ月あるいは六週の間しか続かなかった。その後は一、〇〇〇アース単位、ポンド単位で売られるようになった。

高値の時には、たとえば、ヘール・クローン一ポンドは、当初二〇―二四ギルダーで買えたのに、一ヶ月後には一、二〇〇ギルダーかそれ以上した。

スウィツセル一ポンドは、当初の六〇ギルダーから一、八〇〇ギルダーへ。

ウィット・クローン一ポンドは、一二五ギルダーから三、六〇〇ギルダーへ。
一、〇〇〇アースのアドミラール・デ・マンは九〇ギルダーから八〇〇ギルダーへ。
一、〇〇〇アースのスキピオは八〇〇ギルダーから二、二〇〇ギルダーへ。
一、〇〇〇アースのヴィス・ロアは三、〇〇〇ギルダーから六、七〇〇ギルダーへ。
一、〇〇〇アースのコーレナールトは六〇ギルダーから四五〇ギルダーへ。
一、〇〇〇アースのアウデナールデは七〇ギルダーから六〇〇ギルダーへ。
一、〇〇〇アースのチェントは四〇ギルダーから三五〇ギルダーへ。
一、〇〇〇アースのヘール・エン・デ・ロート・ファン・レイデンは一〇〇ギルダーから七五〇ギルダーへ。

初めはわずかな金で手に入ったそれぞれ一ポンドのホリアト、レイスウェイケル、フビースデ・ファン・コーレナールト、ラッテベートも、それぞれ七〇〇ギルダー、八〇〇ギルダー、二五〇ギルダー、三〇〇ギルダーと、とんでもない高値で売られるようになった。チューリップと名の付くものはすべて売りに出されたのさ。

かつては雑草として刈り取られ、バスケット何杯分もが無造作に肥やしの山に投げ捨てられていたものが、突然信じられないようなで高額で売りに出されるようになったんだ。たとえば早咲きの二色品種は一五〇ギルダーまで上がり、遅咲きの方は四〇―五〇ギルダーで売られた。単色種でさえ値を上げて、何千アースと競りにかけられた。何だって金になったし、熱が一気に高まって、取引が広まったから、欲しいものはほとんど何でも交換で手に入った。球根が土のなかに植わっているときでも、すべて保証書と証拠書類付きで取引された。

この状況が続いていたなら、すべて支払いは球根で行われていただろうよ。アジア南東部のある地域では巻き貝で決済されるっていうじゃないか。それと同じさ。実際、多くの支払いがすでに球根でされているんだ。言うまでもないが、商売としては何とも由々しき事態さ。もちろん、若者や子供たちが居酒屋に集まる連中のところに連れてこられて、こうした商売に巻き込まれているという状況だって、呆れたものだし、ほめられた話じゃない。それに、たとえ花が、ソロモンが栄華のうちに身に纏ったあらゆる真珠や宝石類を凌ぐとしても、やっぱり必需品じゃないし、どうしたって遊んでる金で支払うよりほかないからな……。

## ◎第二の対話（一六三七年）

ハールフート　実は、人を一人、二人、雇いたいと思っているんだが、見つからなくてね。
クリスティンチュ　私もほうぼう探したけど、見つからないの。数人、面接はしたのよ。でも、一人はすでに船に乗る契約を済ませてたし、もう一人は行商に出たがってたの。それからもう一人は、どうしてもここにいたくないって。みんな夏を怖がってたのよ。
ワールモント　どうしてだい？
ハールフート　やつらは、みな、球根の取引をしてたからさ。
ワールモント　どういうこと？
ハールフート　一体、球根に手を出さなかったやつなんて、いるのかね？
ワールモント　僕は手を出してない。ほかにもそういうやつはいるはずさ。
ハールフート　何とも幸運なことだ。
ワールモント　この商売は僕にはあまりに退屈で、愚かしく思えたんだ。誰もがこの夏には金持ちになれると思ってた。馬車屋のところはどこも、大型、小型の四輪馬車の依頼でいっぱいだった。みながら馬を買い、みながどでかい夢を見てた。自分の財産がどのくらい大きくなるか、誰にもわからなかった。俺様こそ一番偉いご主人様、ってわけさ。

ハールフート　まさにそのとおりだな。ところで、いまちょうど帳簿を眺めていたんだ。

ワールモント　君の横に転がってるやつかい？

ハールフート　ああ、そうさ。

ワールモント　ずいぶん大きなノートだね。見せてくれよ。それにしても変わった帳簿法だなあ！

ハールフート　ほら、見てくれ、僕はこうやって球根を植え、これだけ売りさばいたんだ。

ワールモント　面白いから、書き出してみたいのだけれど。

ハールフート　ああ、いいよ。だが購入価格と売却価格の欄はやめてくれ。いつか自分でやるから。

ワールモント　僕は、ただ、帳簿法に関心があるだけさ。

ハールフート　何でも好きなように書き出せよ。

Aの文字は苗床の番号、球根の名前の上の数字は頁だ。これで購入と売却の状況が分かる。その隣の数字は球根の重量で、単位はアースだ。たとえば、一〇一頁、五一〇アースのヴィス・ロア一球を、某氏より九〇〇ギルダーで購入し、苗床Aに植え付け、某氏に三、四〇〇ギルダーで売却、というわけだ。

A

| | アース | | アース | | アース | | アース |
|---|---|---|---|---|---|---|---|
| 19<br>アドミラール・デ・マン | 370 | 24<br>ラトゥール | 600 | 36<br>リオン | 280 | 42<br>フロート・フブルミセーツデ | 780 |
| 62<br>トゥールロング | 150 | 68<br>トゥルナイ・カーデライン | 670 | 70<br>フロート・スタンダールト | 1180 | 90<br>ホリアト | 135 |
| 92<br>ハウダ | 100 | 95<br>アドミラール・カーテレイン | 320 | 101<br>ヴィス・ロア | 510 | 112<br>フレッベル | 440 |
| 116<br>ペッテル | 112 | 120<br>プロヴニール | 307 | 125<br>スピンネコップ・フェルベーテルデ | 600 | 130<br>アウデナールデ | 500 |
| 145<br>ル・グラン | 900 | 150<br>パスマーケル | 205 | 155<br>ベラールト | 270 | 160<br>ブラバンソン・スポール | 532 |

ワールモント　なるほど、もう十分。

ハールフート　そのとおりさ。僕がこの帳簿を手元に持っていた頃は、「十分」金持ちだと思ってたし、不動産だって一つ、二つ所有していた。もう一度織物業に戻るなんて、夢にも思わなかった。[6]

ハールフート　今じゃ、この国にチューリップの球根が存在していなかったらなあ、とさえ思うよ。けどね、ワールモント、球根の受け渡しは続くって話だったよね？

ワールモント　ああ。僕もそう聞いてたよ。

ハールフート　一体、どうなっちゃったっていうんだ？

ワールモント　僕が耳にしたところでは、一六三七年二月二十三日に幾つかの都市のフローリストの代表者が数人集まって、会議を開いたらしいね。そして球根の売買に生じていた大きな混乱に対処し、支払われてきた金がどこにも見当たらない事態を考えて、対策を講じたそうだ。その結果、買い手は価格の一〇パーセントを支払えばよいことになった。つまり、一、〇〇〇ギルダーなら一〇〇ギルダーだ。

ハールフート　それでもどうにもならないんだ。有り金をはたいても支払いに足りない。

ワールモント　ああ、何て男なんだ。手元にそんなにわずかな金しかないのかい！

つまり、こういうことだね。君は栽培家だったから一〇アースのハウダ一球を三〇ギルダーで売った。それはその後六〇ギルダーで売られ、続いて一〇〇ギルダー、さらには二〇〇ギルダーで売却され、そこで球根取引が停止した。だから二〇〇ギルダーで売った人物、つまり一〇〇ギルダーで買い取った人物は、一〇ギルダーだけ支払えばよく、この人物がこの球根を手元において置きたくないなら、それはひとつ前の人物、つまり一〇〇ギルダーで売った人物のところに戻ってくる。そして彼もまた買い取り額、つまり六〇ギルダーの一〇パーセントにあたる六ギルダーを支払う。こうやって球根は栽培家の手元に戻るわけだ。

ハールフート　ああ、なんてこった！

ワールモント　確かにそうだな。だが、ほかに何かいい知恵があるかい？

ハールフート　いや、名案なんてないさ。自分がこの商売を続けていたいかどうかだってわからないのに。だけど、彼らの取り決めたこの措置は、いつまでも続くんだろう？　暫定的なんだろうか？　これまで数えきれないほど取引が行われてきて、支払能力のない破産者や、物乞いの子供や少年たちだってわんさか手を出してきた。だから、何もかもがこんなひどい結末になったからには、この先、少しでも支払い能力のあるやつが肩代わりしていかなくちゃならないんだろうなあ。

ワールモント　この商売の来し方はみな聞いてきた。言ったろう、愚かしい商売だし、どんな善良な商売方法にも逆らってる、って。契約したら金を支払ったも同然、こう考えたやつだっていた。それが指し値にすぎないってことを忘れてね……。

＊＊＊

ハールフート　僕たちのは本物の取引だぜ。書類も発行したし、署名もした。

ワールモント　それを見せてもらってもいいかな。

ハールフート　もちろんさ。いま持ってくる。ほら、ここに何部かある。ここハールレムで発行されたものもあれば、アムステルダム、アルクマール、それ以外の街で発行されたものもある。たとえば、「一六三六年十一月十二日、植え付け時に三五七アースあったフマルメルデ・ファン・ホーイエル一球を某氏に七〇ギルダーにて売却。球根は某氏の庭で生育中」。「小さな〇にて取引成立」、そして私の署名、という証書。[7]

それから購入の書類もある。この短い書き付けを見てくれ。「一六三六年十二月九日、某氏よりヘール・エンデ・ロート・ファン・レイデン一球、五七八アースを七〇ギルダーにて購入。球根は現在某氏の庭にある。札にて取引成立。[8] 私こと某氏の署名」。

別のを見てくれ。

「私儀、下記に署名したる者は、以下の条件で、某氏から某氏の庭にある四八アースのハウダ一球を総額五二〇ギルダーで購入したことを認める。但し、通知後八日以内に買い方が球根を引き取りに来ない場合、売り方は、二人のしかるべき人物の立ち会いのもと、これを掘り上げ、箱詰めすることとする。さらにそれより二週間たっても買い方が球根を引き取らない場合、売り方は新たにこれを売りに出してよいこととする。もしも以前より高値で取引が成立しても、最初の買い方に差額が行くことはない。しかし、反対に値が下がったら、差額は買い方が負担することとする。ほかに不明な点や誤解がある場合、もしくは取引の過程で口論が生じた場合は、二人のしかるべき立会人の手に委ねられる。その二人は取引の全貌を承知しており、取引が行われた地域に在住する人物でなければならない。さらに、上記の総額が支払われなかった場合、私儀、下記に署名したる者は、動産、不動産に関わらずすべての財産を提供することを、あらゆる権利と行政長官の権限にかけてここに約束する。これにつき一切の偽り、ごまかしはない。上記の件を承諾し、ここに署名する。一六三六年十二月十二日、於ハールレム」、となってる。

もう一つある。

「私儀、下記に署名したる者は、本証書により、売り方によって植え付け済みの一、〇六〇アースのアウトルップ一球を某氏から購入した後、同じ人物に売却したことを確認する。私は彼に、一、〇〇〇アースあたり二七五ギルダーを支払う。但し、計測は球根を程良く干してから行い、重量の増減に応じて価格を微調整する。

私、上記の買い方が、八日前に通知を受けながら、引き渡し当日に現れない場合、私、上記の買い方は、売り方が二人のしかるべき人物の立ち会いのもと球根を掘り上げ、箱詰めにして封をすることに同意することをここに言明する。また、もしも私、上記の買い方が球根を獲得し、手付け金を払った後八日以内に実物を受け取らなかった場合、上記の売り方が、その一存で、上記の球根を新たに売りに出すことにも同意する。そして私、上記の買い方はその売買により生じた利益を放棄し、かつ、それにより生じた損害を上記の売り方に対して賠償することに同意する。

そして、我々の取引と契約がよりいっそう確実に履行されるべく、我々は現時点以降、この契約に対し、弁護人と証人の手を経た場合と同等の効力と価値を付与するとともに、裁判官による刑の宣告と同等の遵守義務を負うことを誓約する。

但し、双方の間に何らかの疑問、口論、誤解、不明な点が生じた場合は、我々は神に誓って、たとえどのような内容であれ、また我々の損得にかかわらず、事情に精通し、本取引のおこなわれた地域に在住し、しばしばそこを訪れる顧客および人々によって下された決断に従うこととする。

従って我々は、誉れ高き人物のごとく、この契約に反する一切を放棄する。さらに、契約不履行に際しては、前述のごとく、人と財のすべてをあらゆる権利と行政長官の権限に委ねることをここに誓う。一六三六年十二月十七日、於アムステルダム　何某署名」

ここにある証書の多くはこの種の文書で、同じ内容だ。

ワールモント　確かにこれらの文書は支払いのために作成されていて、善良なる取引を構成しているように見える。だから、誰もが自分は軽率な行動など取っておらず、支払い方法も確実だと考えるに決まっている。だが、さしあたって、何かいい知恵があるのかい？

ハールフート　いや。どんな方策も浮かばないね。時代の趨勢がこれじゃあね。小銭ひとつ持ってないやつらがわんさと来て、取り引きしたんだよ。それに、こうした不履行のせいで、商品も散り散りになってしまった。だから、少しでも商品を手元に持ってるやつは、悪く言われるにきまっている……。

＊＊＊

ワールモント　なあ、一ついいかな。幾つかの証書にある「小さな○にて取引成立」や「札にて取引成立」って、どういう意味なんだ？

ハールフート　札の話は知ってるよね。前に話したじゃないか。もしも証書の文書の最後に「札にて取引成立」と記してあったら、買い手と売り手が心づけ《ワイン・ヘルト》を半額ずつ払う。だけど「小さな○にて取引成立」の場合はちょっと違う。

ワールモント　ってことは、札を使う場合と取引の方法が違うってことかい？

ハールフート　そうだ。いいかい、説明するよ。この方法では、札がテーブルを回ったら、［第一部で説明した］石板に次のように書き込む。上部の半円には一、〇〇〇ギルダーの位、真ん中の半円には一〇〇ギルダーの位だ。次に〇、これがさっきから出ている「小さな〇」のことだが、そこには最高入札者に支払われる心づけ《ワイン・ヘルト》の金額が書き込まれる。「小さな〇」の下には一〇ギルダーの位、その横に一ギルダーの位とスタイフェルが来る。

仲介人は、「小さな〇」に賭ける人はいますか、と尋ねる。もし誰かが名乗りをあげたら――もちろんいつも誰かしらいるんだが――、その人物が「小さな〇」に賭けることになる。仮に三〇アースのハウダ一球だとしよう。仲介人はこう尋ねる。「誰かいませんか。最高値を賭けた方には二スタイフェル、あるいは三、四、五、六スタイフェル」。このせりふは場所によって変わるし、知ってのように、居酒屋ごとのしきたりにもよる。ここから競りの開始さ。五〇ギルダーに始まって、七五、一〇〇、さらに二五上がって一二五、続いて一五〇、二〇〇、そこでついに止まり、それ以上指し値を入れようとするやつはいなくなる。すると石板の隣に座っていたさっきのやつがこう言うんだ。「お声ありませんか？　いいですか？　もう一声、二声、お声ありませんか？」。続きを話す前に言っておかなくちゃいけないんだが、この時点で仲介人は、あらかじめ石板に引いておいた三本の線の周りを〇で囲

むんだ。それからこう言う。「お声ありませんか？　もう一声、二声。お声ありませんか？　もう一度、三回目ですが、お声ありませんか？」。四回目の問いかけで競りの権利は失効する。すると仲介人は〇の真ん中に線を引き、売り手が最高金額を承諾すれば、そこで取引成立さ。だがそうでない場合、売り手は不成立のお詫びに心づけ《ワイン・ヘルト》の金を払わなくてはならない。金額は「小さな〇」のなかに書き込まれた二スタイフェルから六スタイフェルの間。もっとも取引が成立しても、「札にて取引成立」の場合と同じだけの心づけ《ワイン・ヘルト》を払うけどな。

ワールモント　なるほど、そういうことか。それなら子供にだって取り引きできるな。

ハールフート　これが三ギルダーの心づけ《ワイン・ヘルト》が繰り返し何度も払われるからくりさ。

## ◎第三の対話（一六三七年）

ハールフート　ほかにも幾つか興味深い売買の記録があるけど、この帳簿ではないんだ。
ワールモント　よかったら、そちらも見せてくれないか。こんなこと話題にしていいのかな？
ハールフート　もちろん、いいさ。読んでくれよ。「某氏にウィット・クローン四分の一球を五二五ギルダーにて売却。代金は球根引き渡し時に支払い。加えて雌牛四頭を譲渡。雌牛はまもなく家畜小屋から引き出され、売り方の家に到着」。
「某氏からスウィツセル二ポンド分を購入。売り方のかつての購入代金一、二〇〇ギルダーは私、買い方が債務として請け負う。買い方は同時にプルーン四分の一を譲渡し、一四日以内に一、四〇〇ギルダーを銀行にて勘定あるいは譲渡する」。
「某氏にヘール・クローン一ポンド分を八〇〇ギルダー、スーツ一揃えとコート一着分の布にて売却。専門家の見積もりによれば、布は少なくとも一エルあたり八ギルダーの価値」。
「某氏よりウィット・クローン一ポンド分を三、二〇〇ギルダー、加えて二〇〇ギルダー及び推定価格六〇ギルダーの銀皿一枚にて購入。さらに某氏にヘール・クローン一ポンド分を譲渡。この球根の購入金額、一ポンドにつき三七五ギルダーは今回の請求金額より差し引かれる。某氏は同時に、馬付きの馬車一台と銀のボウル二枚、及び一五〇ギルダーを私に譲渡」。

「某氏及び某氏は以下の取引に合意。甲が乙に一六〇〇エーカーの土地を譲渡。仲介人による土地の推定価格は一六、〇〇〇ギルダー。引き換えに乙は甲に同価値のチューリップを譲渡。但し、乙は向こう五年間、上記のチューリップから成長した子球を元金の五分の一になるまで受けとることができる」。

「同じ条件の下、家屋一軒売却。家屋の推定価格は四、四〇〇ギルダー」。

「某氏よりチェント一ポンド分を一、八〇〇ギルダー、最上のサテンのコート一着、古いローズノーブル金貨、子供の首掛け銀鎖付きコイン一枚にて購入」。

「某氏は、植え付け済みの一七五アースのヴィス・ロア一球を九〇〇ギルダーにて購入。売り方は欲しいだけの価値のスーツ一組とコート一着を代金とともに受け取り、さらに球根引き渡し時に一、〇〇〇ギルダーの支払いを受ける。裁断済みのコート用生地は、金のレースの縁取り、裾は緑のヴェットの縁取り、総裏付き」。

「某氏に三七〇アースのブラバンソン・スポール一球を七〇〇ギルダーにて売却。以下の受領を条件とする。現金二〇〇ギルダー、黒檀製飾り戸棚及びそこに収められた種々のガラス製品、花瓶の花を描いた絵画一枚」。

「某氏より一一一アースのハウダ一球を購入。七〇〇ギルダーを引き渡しの際に支払い。合わせてローズノーブル金貨四枚、馬一頭及び付属の荷物用そり一脚、鞍一台、手綱一つを譲渡」。

「某氏に、花と球根を植えた庭一つ、垣根込みで、八〇、〇〇〇ギルダーにて売却[9]。決済は花の咲く季節。但し、私、売り方は自分用に幾つかの球根を手元に残すこととする。手元に残す球根は私が選択し、現時点で指名する。買い方がそれらの球根に対する権利を望む場合、その価格はおよそ二、〇〇〇ギルダーとする」。

「某氏より植え付け済みの四〇〇アースのフェルベーテルデ・スピンネコップ一球を購入。これは売り方某氏が七〇〇ギルダーで購入したもの。取引条件として、買い方は売り方に合わせて一四、〇〇〇キログラムのエダム・チーズを譲渡することとする」。

ワールモント　どうもありがとう。たっぷり聞かせてもらったよ。これだけたくさん資料があれば、球根に精通しているやつなら、あとのことは推測がつくだろう。

ハールフート　そのとおり。ところで、ある庭の球根に七四、〇〇〇ギルダーの値がついた取引についてはメモを取らないのかい？

ワールモント　その取引は成立したのかい？

ハールフート　いいや。買い手の責任と言う者もあれば、売り手の責任と言う者もある。

ワールモント　じゃあ、どうして僕がその取引のメモを取らなきゃならないんだい？　まあいい、教えてくれ。その球根はいまでも前の冬と同じ価値があるのかい？

ハールフート　いや、残念ながら、そうはいかないだろう。いまじゃ、球根に対する需要はないんだ。誰もが口をつぐんでる。いまは売りたがらないやつもいるらしい。だけど反対に売りの話もあって、五月一日には球根付きで庭が一つ売られたらしい。球根の中には数個のスウィッツセル、アウデナールデン、アドミラール・デ・マン、それから二年目の種子の入った籠、一色種チューリップなんかも入っていたらしい。この庭は、逆ぜりで競られたらしいんだが、落札価格は何と、六ギルダーを下回ったって話だ。去年だったら、六〇〇ギルダー、いや一、〇〇〇ギルダーは下らなかったろうよ。

それから私が長いことつきあってた人物は、ヘール・エンデ・ロート・ファン・レイデン、チェント、スウィッツセル、ウィット・クローン、ヘール・クローン、アウデナールデ、コーレナール、これら球根を一球わずか一ダッカで引き渡したんだ。つまり、全部でたった二ギルダーと一スタイフェルだよ。これを去年の冬、一番値の高い時期に売っていたら、四〇〇ギルダー以上にはなったろう。せめて契約だけでも交わしていたらなあ……。

＊＊＊

ワールモント　そうそう、思い出させてくれてよかった。つねづね聞きたいと思っていたんだが、よく耳にするゼンペル・アウグストゥスっていうのはどんな花なんだい？

ハールフート　それはそれは美しい花さ。その花にお目にかかれるのは、たった二人の人物の家の庭だけなんだ。一人はアムステルダム在住で、彼の庭がこの花の発祥の地さ。それからもう一人はこと、ハールレムに住んでる。だがこの庭の持ち主は、いくら金を積まれても断じて花を売ろうとしない。だから、この花はごく限られた人たちのものなのさ。

ワールモント　で、その花の球根一つ、推定価格はどれぐらいなんだい？

ハールフート　推定価格？　誰がそんなの口にするものか。でもな、前に聞いた話がある。三年程前には二、〇〇〇ギルダーで取引された。すぐに銀行で決済されたそうだが、何と制約付きだ。買い手はこの先、この売り手の承諾なしに、球根を売ったり、譲ったりしたりしてはいけないそうだ。

ワールモント　なるほど。だったらこの冬には、きっと三、〇〇〇ギルダーの値が付いただろうな。

ハールフート　ああ。それどころか六、〇〇〇ギルダー、いや、もっといったんじゃないか。わずか二〇〇アースの球根だっていうのにな。

ワールモント　球根が金や銀をはるかに超えたわけか。

ハールフート　金や銀だけじゃない、あらゆる真珠や高価な宝石類を凌いだんだ。

ワールモント　なるほど、見事に花を咲かせる実物の美しさを思えば、そういうことになるんだろうな。取引している連中のことを考えても、君の言うとおりだ。でも、花ははかないし、球根は腐りやすい。それを考えるとなあ。銀や金、真珠や宝石、芸術作品に目のない連中にはそんな話は通用しないだろう。何といっても、金、銀等々を大事にするのはお偉いさん、花や球根を愛でるのは名もない普通のやつらだからな。

## ◎訳註

1　「フローリスト」とは、ここでは、チューリップ栽培や収集に興味を抱く人々というよりは、チューリップを投機の対象として金もうけをねらう人々を揶揄する言葉。

2　ギルダーはオランダの貨幣単位。二〇スタイフェルが一ギルダーに相当する。当時の単純労働者の一日の労賃は一二―二〇スタイフェル、年収は二〇〇ギルダーくらいであった。六〇、〇〇〇ギルダーがいかに大きな額であるか、想像がつこう。なお、十七世紀を通じて、ギルダーの貨幣価値に大きな変化はなかった。

3　当時、フローラ（チューリップの女神）は娼婦、投機家のフローリストはその客、取引の行われる酒場は娼家に喩えられることがあった。

4　「心づけ《ワイン・ヘルト》」は、文字どおりには「酒手」の意。取引の際に、決まりに従って参加者から供出される金銭を指す。

5　「アース」とは重量単位で、およそ二〇分の一グラム。一六三五年頃から、チューリップ取引はこの極小のアース単位でも可能になった。

6　チューリップ投機に走った者の中には織物業者が多かった。本書一七八頁、図12を参照されたい。ハールフートも元織物業者として設定されている。

7　「小さな○にて取引成立」とは、二六三－二六四頁に説明があるように、札の数字を○で囲んで競りの終了を宣言する取引法に由来している。原文は「in het otje」（イン・ヘット・オーチュ）、オーはここでは○、チュは「小さい」を意味する接尾辞。この取引法が余りに途方もなかったので、現在でもオランダ語では「in het otje」には、人を騙すという比喩的な意味がある。

8　「札にて成立」については本書二四二－二四三頁を参照されたい。

9　英文抜粋訳では八〇、〇〇〇ギルダーだが、手元の資料では八〇〇ギルダーあるいは八、〇〇〇ギルダーとなっている。

| Asen. | | Guld. |
|---|---|---|
| 50 | Egmondt of rechter oogh | 330 |
| 158 | Fama | 700 |
| 139 | „ | 605 |
| 104 | „ | 440 |
| 600 | Fabri | 240 |
| 510 | „ | 180 |
| 107 | Gener. Nieuwlander | 60 |
| 700 | Groote Standaert | 150 |
| 187 | Gouda | 1330 |
| 244 | „ | 1500 |
| 156 | „ | 1165 |
| 125 | „ | 1015 |
| 160 | „ | 1165 |
| 82 | „ | 765 |
| 63 | „ | 635 |
| 4 | „ | 225 |
| 100 | Gevlamde Jacot | 94 |
| 95 | Grebber | 615 |
| 523 | „ | 1485 |
| 400 | Groote geplumic. | 300 |
| 300 | Gevl. Brabanson de Nonville | 140 |
| 10 | Generallissimo | 900 |
| 429 | Gem. de Goijer | 120 |
| 300 | „ van Kaer | 106 |
| 240 | Geel en Roodt van Leyden | 235 |
| 400 | „ | 140 |
| 350 | Gideon | 170 |
| 130 | Geblutste | 80 |
| 200 | Generael de Man | 330 |
| 400 | Hagenaer of Max van de Prins | 300 |
| 300 | hoe langer hoe liever | 250 |
| 250 | Helena | 150 |
| 129 | Jory na-bij | 755 |
| 619 | „ Catelijn | 2160 |
| 263 | Jan Gerritsz. | 210 |
| 480 | Jan Symonsz. | 180 |
| 150 | „ | 100 |

| Asen. | | Guld. |
|---|---|---|
| 300 | Incarnadijn gevl. van Quakel | 350 |
| 500 | Incarnadijn Branson | 80 |
| 440 | Juffrouw | 200 |
| 700 | Joncker | 150 |
| 306 | La Roy | 510 |
| 277 | Landt-meter | 365 |
| 171 | „ | 173 |
| 350 | le grand | 500 |
| 400 | Lion of Lanoy | 475 |
| 500 | Lak van Rhijn | 175 |
| 300 | „ „ | 200 |
| 440 | „ Paspoort | 250 |
| 500 | „ Pieter Christ. | 150 |
| 250 | „ de Hooge | 60 |
| 450 | Latour | 390 |
| 612 | Leijdse Wapen | 100 |
| 510 | Manassier | 830 |
| 642 | „ | 920 |
| 234 | Molswijck | 650 |
| 700 | Max of Hagenaer | 390 |
| 350 | Mooijtjes mooij | 205 |
| 400 | Marv. van Celen | 300 |
| 300 | Mercurius | 400 |
| 400 | Mantel-blom | 94 |
| 500 | Meterman | 70 |
| 495 | Nieuw' burger | 390 |
| 270 | „ | 180 |
| 300 | Nons wit, vroege | 90 |
| 275 | „ Late | 65 |
| 300 | Nette Branson | 54 |
| 500 | Nieuw'lander | 95 |
| 156 | Otter de Man | 300 |
| 125 | Olinda | 400 |
| 354 | Paragon van Delft | 605 |
| 123 | „ „ | 500 |
| 106 | „ Schilder | 1615 |
| 100 | „ Casteleijn | 450 |
| 348 | „ Liefkens | 730 |
| 300 | „ „ | 705 |
| 200 | „ „ | 500 |

# ◆ハールフートがかかわった球根の値段表◆

左列数字：球根の重さで単位はアース as（複数形アーゼン azen）。1アース=約20分の1グラム。Een Pont とあるものは1ポンド幾らの量り売りの安い球根。1ポンド=約500グラム。
中 央 列：球根の名称。
右列数字：球根の値段で、単位はギルダー gulden（1ギルダーは、当時の単純労働者の約1日分の労賃）。

| Asen. | | Guld. |
|---|---|---|
| 400 | Adm. Liefkens | 4400 |
| 59 | „ „ | 1015 |
| 446 | „ van der Eijk | 1620 |
| 214 | „ „ | 1045 |
| 92 | „ „ | 710 |
| 181 | „ Catelijn | 225 |
| 8 | „ v. Enkhuijsen | 900 |
| 215 | „ „ | 5400 |
| 175 | „ de Man | 250 |
| 25 | „ van Englandt | 700 |
| 130 | „ Krijntjes | 300 |
| 440 | „ van Hoorn | 200 |
| 700 | „ van Gelder | 155 |
| 180 | „ de France | 60 |
| 52 | Anvers Vestjens | 510 |
| 387 | „ gemeene | 405 |
| 450 | Audenaerde | 370 |
| 56 | Agaet Rubijn | 100 |
| 562 | Butterm. veranderde | 363 |
| 400 | „ | 405 |
| 250 | „ | 250 |
| 399 | Bellaert | 1520 |
| 320 | Bruijne Purper | 2025 |
| 60 | „ | 1300 |
| 50 | „ | 1100 |
| 443 | Blijenburger vroege | 1300 |
| 171 | „ | 900 |
| 495 | „ Late | 570 |

| Asen. | | Guld. |
|---|---|---|
| 790 | Bruijne Bl. Purper van Kooper | 220 |
| 365 | Bruijne Lack van der Meer | 215 |
| 430 | Brabanson spoor | 1500 |
| 124 | „ Bol | 975 |
| 542 | „ | 1010 |
| 346 | „ | 835 |
| 105 | Beschuijt-backer | 250 |
| 15 | Bruijdt van Haerlem | 200 |
| 32 | „ van Enkhuijsen | 275 |
| 280 | Pode | 300 |
| 82 | Caesar | 650 |
| 85 | Cenekourt | 75 |
| 550 | Cent | 375 |
| 448 | Coorenaert | 400 |
| 800 | Croon Geele | 75 |
| 300 | „ Witte | 80 |
| 170 | Camelot kromhout | 150 |
| 205 | Columb. wit, rood ende Argentijn | 80 |
| 700 | Duc de Winkel | 300 |
| 300 | „ Flori | 70 |
| 400 | Dolabella | 200 |
| 215 | Doctor Balten | 330 |
| 325 | Don Frederico | 440 |
| 70 | Donville | 62 |
| 450 | Elsevier | 500 |

| Asen. | | Guld. |
|---|---|---|
| 1000 | Avers | 1000 |
| | Admirael de Mans | 800 |
| | Audenaerden | 600 |
| | Admirael v. Hoorn | 230 |
| | Blijenburger Late | 570 |
| | „ Vroege | 700 |
| 1000 | Coorenaerts | 550 |
| | Centen | 400 |
| | Cronen Witte | 300 |
| 1000 | Duc de winkel | 210 |
| 1000 | grote geplumi.: | 300 |
| | Gouda | 3600 |
| | Gem. de Goijer | 250 |
| | Geel en Roodt van Leijden | 700 |
| | Gevl. Branson de Nonville | 300 |
| 1000 | Jan Symonsz | 180 |
| | Jan Gerritsz | 734 |

| Asen. | | Guld. |
|---|---|---|
| 1000 | Lions of Lanoijs | 550 |
| | Lak van Rijn | 430 |
| 1000 | Max van de Prins | 300 |
| 1000 | Nieuwburger | 600 |
| 1000 | Petter | 730 |
| | Present Liefk: | 600 |
| 1000 | Rector | 325 |
| 1000 | Zaeijblom, beste soort | 1000 |
| | „ gemeene | 650 |
| | Senecours | 140 |
| | Schilder | 218 |
| | Scipio | 2250 |
| 1000 | Tourn. Rijkers | 345 |
| | „ Casteleyn | 800 |
| 1000 | Violet Gevlamde Rotgans | 805 |
| | Uijtroep | 730 |
| | Vice Roy | 6703 |

| | Guld. |
|---|---|
| Een Pont Audenaerde | 5700 |
| „ Centen | 4300 |
| „ Coonenaerts | 4800 |
| „ Switsers | 1800 |
| „ Geele Cronen | 1200 |
| „ Witte „ | 3600 |
| „ Verk „ | 300 |
| „ Gebiesde Coren. | 250 |
| „ Rijswijker | 800 |

| | Guld. |
|---|---|
| Een Pont Rattebeten | 400 |
| „ plomp sonder erg | 450 |
| „ Vroege Dubbelde Coleuren | 150 |
| „ Laete Dubbelde Coleuren | 60 |
| „ Witte en Roode | 12 |

| Asen. | | Guld. |
|---|---|---|
| 148 | „ de Man | 260 |
| 148 | Purper en W. Jer. | 475 |
| 134 | „ Busscher | 110 |
| 315 | „ „ | 245 |
| 481 | „ „ | 295 |
| 800 | Petter | 900 |
| 245 | Parssemaker | 180 |
| 300 | Perel | 500 |
| 440 | Pio Palto | 180 |
| 270 | Provenier | 380 |
| 500 | Present liefkens | 490 |
| 320 | Proncker | 118 |
| 260 | Rector | 207 |
| 800 | Rijswijcker | 75 |
| 300 | root en geel verw. | 80 |
| 220 | rood en wit verw. | 65 |
| 300 | Roosjen | 600 |
| 130 | „ | 250 |
| 500 | Rattebeet | 30 |
| 82 | Scipio | 400 |
| 10 | „ | 100 |
| 246 | Schapesteijn | 375 |
| 95 | „ | 235 |
| 619 | Sory Catelijn | 2619 |
| 368 | Somer-schoon | 1010 |
| 925 | Swijmend J. G. | 210 |
| 80 | „ „ | 51 |
| 573 | Semper Majoor | 78 |
| 95 | Schapesteijn | 235 |
| 250 | Zaeibl. Castel. best | 350 |
| 438 | „ gemeene | 280 |
| 220 | „ van Coning | 320 |
| 300 | „ van Bol | 250 |
| 340 | Sory Liefkens | 200 |

| Asen. | | Guld. |
|---|---|---|
| 700 | Zeijl-straet | 190 |
| 300 | Spits Lak van Quak. | 70 |
| 130 | Schilder | 40 |
| 265 | Schrijnwercker | 90 |
| 400 | Spinnekop | 900 |
| 315 | „ Verbeterde | 1330 |
| 477 | Tulpa Kos | 300 |
| 485 | „ | 305 |
| 117 | „ | 205 |
| 470 | Trojaen | 720 |
| 252 | „ | 500 |
| 165 | „ | 400 |
| 150 | Tournaij Castelijn | 355 |
| 525 | „ Rijckers | 315 |
| 370 | „ de Nonville | 340 |
| 240 | Tourlong | 200 |
| 80 | „ | 90 |
| 150 | Tr. Col. de Nonv. | 75 |
| 400 | Tulpa Heemskerk | 300 |
| 900 | „ Bitter | 70 |
| 130 | „ Gelder | 27 |
| 330 | „ Reijnout | 180 |
| 410 | Vice Roy | 3000 |
| 295 | „ | 2700 |
| 658 | „ | 4200 |
| 250 | Violet Gevlamt Rotgans | 450 |
| 570 | „ „ | 712 |
| 300 | „ „ | 375 |
| 440 | Uijtroep | 700 |
| 230 | Uijtroep | 300 |
| 330 | Woeckenaer | 230 |
| 110 | Weeskint | 400 |
| 400 | Wit met roo tippen | 170 |

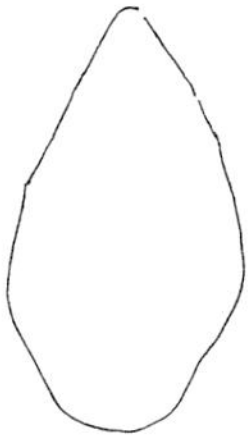

14.5グラム（302アーゼン）

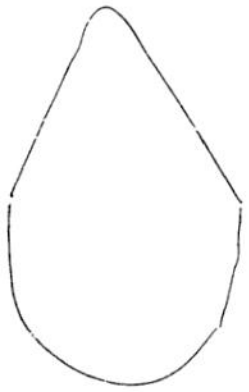

10.6グラム（220アーゼン）

7.2グラム（150アーゼン）

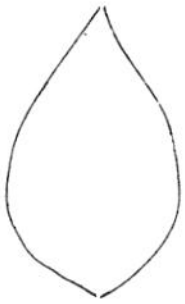

2.8グラム（58アーゼン）

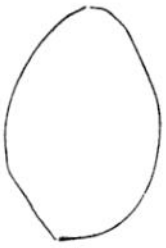

2.1グラム（43アーゼン）

1.6グラム（33アーゼン）

1.5グラム（31アーゼン）

1グラム（20アーゼン）

# ◆球根の実物大見本◆

（Damme 1976, p. 34 より）

エンクハイゼン・チューリップ（早咲き）の自然の大きさを現在の重さの単位で量り、アース（複数形アーゼン）に換算したもの（1アース＝約20分の1グラム）。

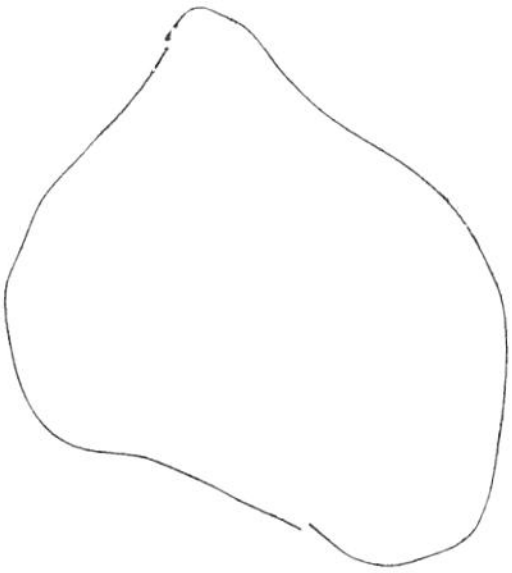

54グラム（1062アーゼン）

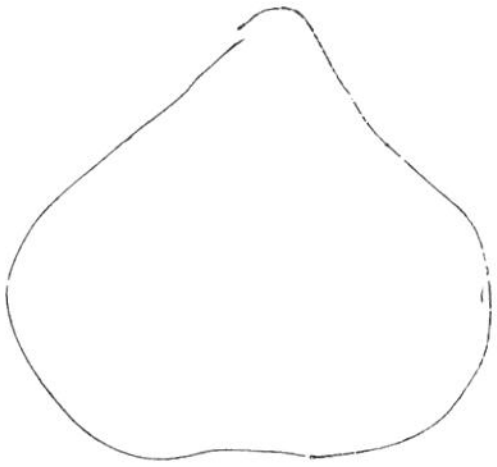

38グラム（971アーゼン）

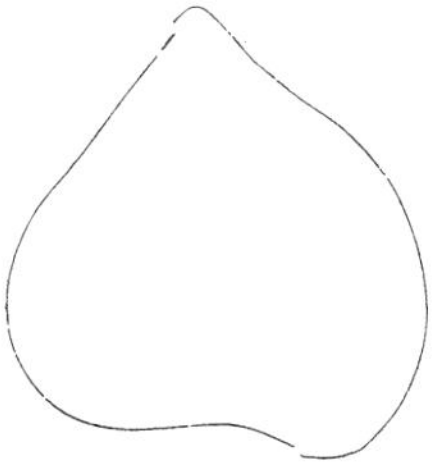

25.3グラム（527アーゼン）

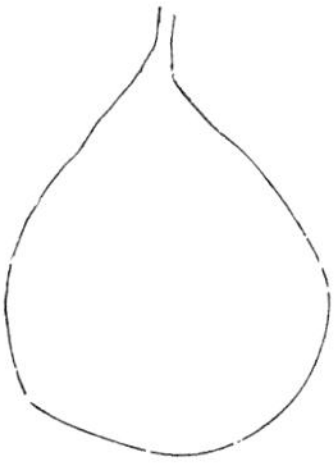

19グラム（395アーゼン）

## 著訳者紹介（執筆順）

國重正昭（くにしげ まさあき）

1933年生まれ。京都大学農学部卒業。

1993年3月まで農林水産省野菜・茶業試験場花き部長。

現在、農林漁業金融公庫技術参与、チューリップ四季彩館（砺波市）名誉館長。

主著：『チューリップ』（日本放送出版協会）、『花専科・育種と栽培 チューリップ』（編著、誠文堂新光社）

南日育子（なんにち いくこ）

日本女子大学英文学科卒業。

1982年より（財）日本国際協力センター勤務。

主訳書：M. ミー『アマゾン自然探検記』（共訳、八坂書房）、
A. ベイアー『中世・母の物語』（文芸社）

ヤマンラール水野美奈子（みずの みなこ）

1944年生まれ。イスタンブル大学社会学研究所博士課程修了。

現在、東亜大学大学院教授。トルコ・イスラーム美術史専攻。

主著：『アジアの龍蛇：造形と象徴』（共著、雄山閣）、

『世界美術大全集 東洋編 17 イスラーム』（共著、小学館）

小林頼子（こばやし よりこ）

1948年生まれ。慶應義塾大学大学院博士課程修了。

現在、目白大学助教授。17世紀オランダ美術専攻。

主著：『花のギャラリー』、『フェルメール論』（共に八坂書房）、

『フェルメールの世界』（日本放送出版協会）

中島　恵（なかじま めぐみ）

1972年生まれ。慶應義塾大学大学院博士課程在学中。

19世紀フランス美術専攻。


ウィルフリッド・ブラント（Wilfrid Blunt, 1901-87）

英国 ロイヤル・カレッジ・オブ・アートほかで学ぶ。イートン・カレッジなどで絵画教師を勤めた後、コンプトンにあるウォッツ・ギャラリーのキュレーターとなる。
“The Art of Botanical Illustration”（森村謙一訳『植物図譜の歴史』八坂書房）をはじめ、伝記・美術史・文化史などの分野で著書多数。

チューリップ・ブック

―イスラームからオランダへ、人々を魅了した花の文化史―

2002年2月25日　初版第1刷発行



著訳者　國重正昭

ヤマンラール水野美奈子

小林頼子

南日育子

中島恵



発行者　八坂安守

印刷所　(株)ディグ

製本所　(有)高地製本所

発行所　(株)八坂書房

〒101-0064　東京都千代田区猿楽町1-4-11

TEL.03-3293-7975　FAX.03-3293-7977

郵便振替口座　00150-8-33915

ISBN 4-89694-488-7